점포, 이렇게 하면 부자됩니다

편저자 김도희

중국에 유학하여 권위있는 대가에게
육효학과 구성학을 배우고 귀국하여 많은 학생을 가르쳤다.
현재는 한국역술인협회 부회장, 한국역리학회 부회장,
죽원역학연구소 소장, 동방대학원대학교 문화교육원의
육효학 · 구성학 교수로 활동하면서 후진양성에 힘쓰고 있다.

전화번호
011-758-4000

점포, 이렇게 하면 부자됩니다

1판 1쇄 인쇄일 | 2009년 2월 16일
1판 1쇄 발행일 | 2009년 2월 26일

발행처 | 삼한출판사
발행인 | 김충호
지은이 | 김도희

신고년월일 | 1975년 10월 18일
신고번호 | 제305-1975-000001호

411-776 경기도 고양시 일산서구 일산동 1654번지
산들마을 304동 2001호

대표전화 (031) 921-0441
팩시밀리 (031) 925-2647

값 26,000원
ISBN 978-89-7460-136-2 03180

신비한 동양철학 · 88

점포, 이렇게 하면 부자됩니다

김도희 편저

삼한

머리글

규모가 작은 사업이나 장사를 하는 사람이라도 누구나 사업이 잘 되고 돈도 많이 벌기를 바랄 것이다. 그러나 사업이 잘 되거나 돈을 버는 것은 말처럼 쉬운 일이 아니다. 열심히 아이디어를 개발하며 하루종일 부지런히 일해도 실패하는 경우가 허다하다. 이것은 모두 자신에게 맞는 업종과 점포의 풍수 등을 고려하지 않고 무조건 의욕만 갖고 사업을 시작하기 때문이다.

사업의 성공과 실패는 어떤 사업장에서 어떤 품목으로 어떤 사람들과 거래하느냐에 따라 판가름난다. 따라서 사업을 성공시키려면 반드시 몇 가지 문제를 살펴야 한다. 첫째는 사업장의 터가 좋은가, 둘째는 사업성 있는 품목인가, 셋째는 사업자의 기(氣)가 어느 쪽에서 들어오며 함몰되어 있지는 않는가, 넷째는 거래처와 잘 맞는가이다. 그래서 자신에게 맞는 곳으로 이사를 하거나, 사업장을 자신에게 맞게 고치거나 다시 배치하여 불길한 요소를 막아야 성공할 수 있다.

그러나 일반인들이 이 모든 것을 알기는 매우 어렵고, 그렇다고 전문가를 찾아가 도움을 청하기도 쉽지 않다. 그래서 이 책을 내게 되었다. 이 책은 풍수나 사주에 대한 사전지식이 없더라도 누구나 쉽게 공부하여 활용할 수 있다. 자신에게 맞는 업종을 알고, 사업장을 구하고, 업종에 맞게 고치거나 배치하고, 자신과 맞는 사람들을 아는 방법 등을 설명했다. 제1부에서는 좋은 점포를 보는 방법과 만드는 방법을 설명했고, 제2부에서는 자신에게 맞는 업종을 찾는 방법을 설명했고, 제3부에서는 다른 사람과의 관계를 설명했다.

따라서 이 책을 착실하게 공부한다면 누구나 좋은 사업장을 얻어 성공할 수 있을 것이다. 새로운 사업을 시작하려고 점포를 얻으려는 분들이나 그동안 사업이 부진하여 점포를 개조하려는 분들에게 많은 도움이 되기를 바란다.

편저자 김도희

제 I 부. 부자되는 점포, 보는 방법과 만드는 방법

제Ⅱ부. 구성법(九星法)

제Ⅲ부. 일주론(日柱論)

제 I 부.

부자되는 점포,
보는 방법과 만드는 방법

1장. 먼저 알아야 할 사항

1. 방위 보는 방법

좋은 점포를 찾으려면 먼저 방위를 볼 줄 알아야 한다. 방위는 아래의 그림과 같은 나침반으로 찾는데 붉은색 바늘이 가리키는 곳이 자북(磁北)이다. 대지나 건물이나 점포 중심에서 나침반을 돌려보다가 붉은색 바늘이 정북 방향에 놓이면 고정시킨 후 방향을 확인하면 된다. 예를 들어 북쪽이란 정북을 중심으로 45도 이내를 말한다. 다시 말해 정북의 왼쪽 22.5도와 오른쪽 22.5도 범위를 말한다. 다른 방향도 같은 방법으로 보면 된다. 방위는 띠에 따라 12가지로 나누기도 하는데 이 때는 각각의 방위가 30도 범위다.

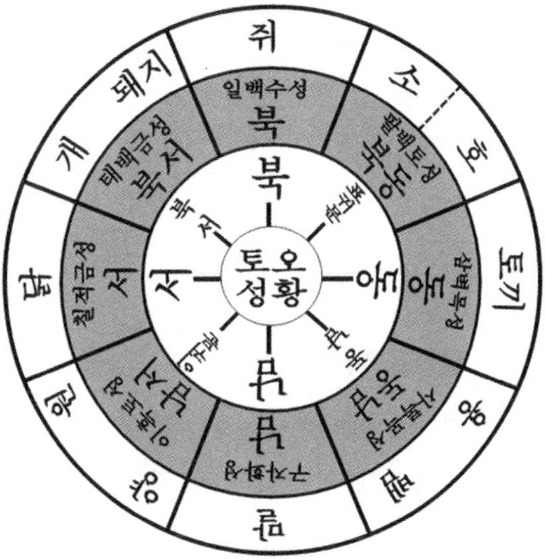

2. 중심 찾는 방법

방위를 측정할 때는 중심을 정확히 잡아야 정확한 방향이 나온다. 한 건물에 있어도 독립된 점포나 사무실이면 각각의 점포와 사무실에서 중심을 찾고, 점포가 여러 개의 공간으로 나누어져 있어도 각각의 공간에서 중심을 찾아야 한다.

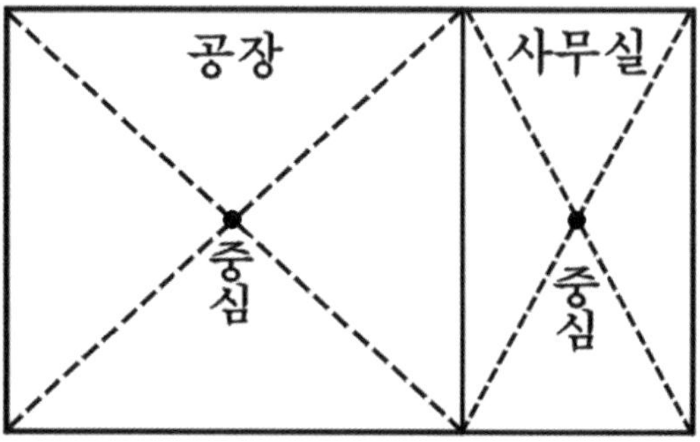

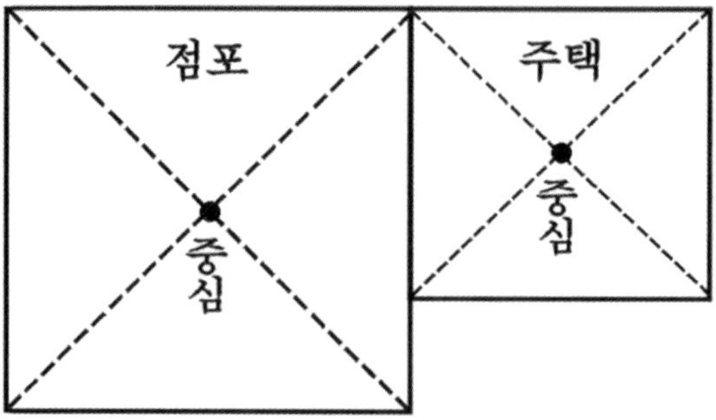

3. 중심이 없는 건물은 나쁘다.

중심이 없는 건물이란 그림과 같이 니은(ㄴ)자 · 디귿(ㄷ)자 · 입구(口)자 모양을 말한다. 이런 건물에 있는 점포는 대개 좋지 않으니 피하는 것이 좋다.

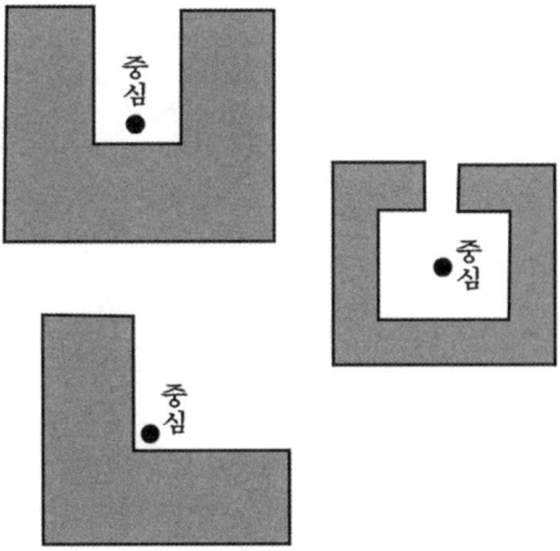

4. 점포와 대지는 장방형이 가장 좋다.

점포·사무실·대지의 모양은 장방형이 좋은데 2 : 3의 비율이 가장 좋다. 삼각형이나 마름모, 사다리꼴은 매우 흉하다. 자투리의 각진 곳도 불길하다. 이런 곳은 전시장이나 창고로 쓰는 것이 좋다.

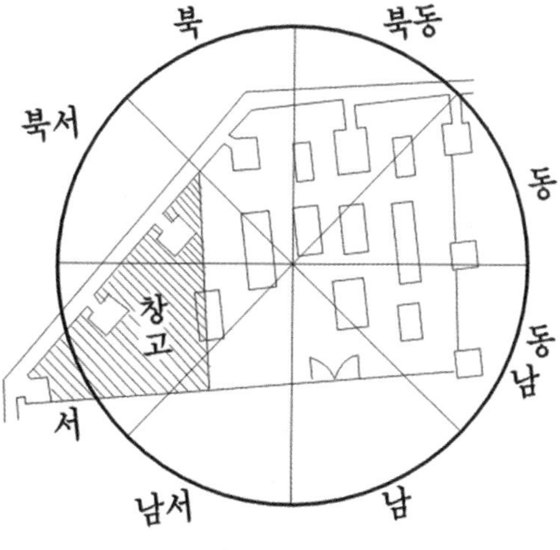

자투리 공간 활용하는 방법

5. 업종에 따라 좋은 방위가 따로 있다.

방 위	좋은 직업
북쪽	음식 · 어업 · 생선 · 양조 · 주류 · 요리 · 주유소 · 여관 등.
북동쪽	이삿짐센터 · 복덕방 · 여관 · 호텔 · 창고업 · 정육점 등.
동쪽	머리를 쓰는 직종 · 의사 · 출판업 · 회계사 · 변호사 · 경리 · 음악 · 광고 · 전기기기 · 예식장 등.
동남쪽	건축업 · 운수업 · 슈퍼마켓 · 백화점 · 의료용품 · 창작 · 무역업 · 출판업 등.
남쪽	부동산업 · 농기계 · 비료 · 잡화점 · 골동품 · 기술방면의 공장 등.
남서쪽	말로 설득하는 영업 · 음식업 · 금융업 · 오락실 · 금속업 · 회계사 등.
서쪽 · 북서쪽	귀금속 · 자동차 · 체육 · 생명보험 · 세무사 · 여관 · 교통업 등.

6. 정중선과 사우선이 만나는 지점을 조심하라.

정중선(正中線)은 정동 · 정서 · 정남 · 정북 방향을 말하고, 사우선(四隅線)은 북동 · 동남 · 남서 · 북서 방향을 말한다. 정중선과 사우선이 만나는 지점에 돌출이나 출입구나 정문이 있으면 좋지 않다.

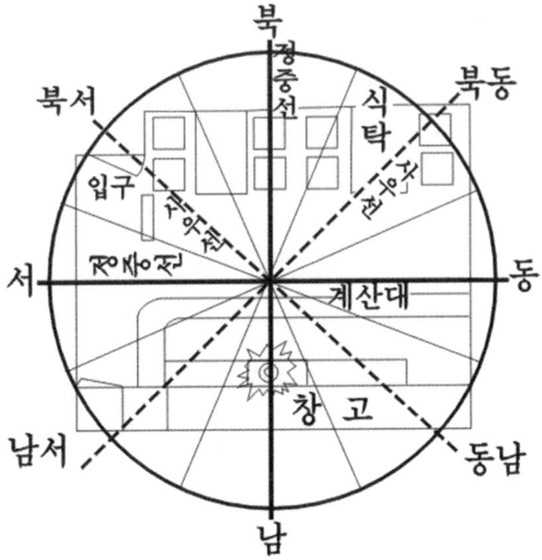

정중선과 사우선

이런 경우에는 이 지점에서 몇 센티미터 비껴가도록 해야 한다. 이곳에는 상품을 진열해도 안 되고, 화기 · 화장실 · 난로 · 정화조 · 쓰레기시설 · 창문 등이 있어도 좋지 않다.

7. 점포는 정문이나 출입구 방향이 가장 중요하다.

점포나 사무실의 중심에서 보아 정문이나 출입구가 동쪽 · 동남쪽 · 남쪽에 있으면 모두 좋으나, 북동쪽 · 남서쪽 · 서쪽에 있으면 좋지 않다. 특히 동남쪽이 가장 좋고, 정문에 돌출이나 나무나 분재가 있으면 더 좋다. 사무실과 공장이 같은 대지에 있을 때는 각각의 중심에서 보아 동쪽 · 동남쪽 · 남쪽 · 북서쪽에 정문이 있어야 좋다. 그리고 싱크대나 화장실의 물처럼 더러운 물이 배수되는 관이 정문 앞을 지나가면 고객에게 불쾌감을 주기 때문에 좋지 않다. 더러운 것은 눈에 띄지 않는 것이 상책이다. 정문의 위치가 미치는 영향을 요약하면 다음과 같다.

① 동쪽 정문은 기획이나 아이디어와 관계있는 사업에 좋다. 예를 들면 광고기획사 · 설계사무실 · 연구소 · 역학사무소에 좋다.
② 남쪽 정문은 명성과 명예에 좋다. 예를 들면 정치인이나 지명도를 높이고 싶거나 이름을 알리고 싶은 사람에게 좋다.
③ 북서쪽 정문은 주택에는 무난하나 점포와 사무실에는 좋지 않다. 매출이 감소할 우려가 있다. 특히 북쪽 정문은 나쁘다.
④ 서쪽 정문은 경영에 좋지 않다.
⑤ 남서쪽 정문은 종업원이 게으름을 피우고 돈이 벌리지 않는다.
⑥ 북동쪽 정문은 가장 흉하며 되는 일이 없다.

8. 띠에 따라 좋은 정문 방위가 따로 있다.

일반적으로 동쪽 · 동남쪽 · 남쪽은 좋은 방위이나 경영자의 띠와 같은 방위이면 좋지 않다. 예를 들면 정동쪽은 토끼띠에게 나쁘고, 정서쪽은 닭띠에게 나쁘다. 점포나 사무실 중심에서 그 방향으로 30도 범위 안에 출입구나 돌출이 있으면 좋지 않다.

지금까지의 설명을 정리하면 출입구나 정문은 점포의 중심에서 동쪽 · 동남쪽 · 남쪽에 있고, 정중선과 사우선을 약간 비껴 있어야 하며, 경영자의 띠와 같은 방위가 아니어야 한다는 말이다.

띠	방 위	흉한 방위
쥐띠(子)	정북	정북
소띠(丑)	정동과 북동 사이	북동
범띠(寅)	동과 북동 사이	북동
토끼띠(卯)	정동	정동
용띠(辰)	정동과 동남 사이	동남
뱀띠(巳)	동남과 정남 사이	동남
말띠(午)	정남	정남
양띠(未)	정남과 남서 사이	북서
원숭이띠(申)	남서와 정서 사이	북서
닭띠(酉)	정서	정서
개띠(戌)	정서와 북서 사이	북서
돼지띠(亥)	북서와 정북 사이	북서

9. 정문 방위가 나쁘면 고쳐라.

사업 중이거나 살고 있는 집의 정문이나 대문의 방향이 나쁘면 고쳐야 한다. 돌출이나 칸막이를 설치해 출입하는 방향을 90도 바꾸는 것이다. 만일 정문이 도로에 인접해 돌출을 설치할 수 없으면 정문 방향에 칸막이를 설치해 출입하는 방향을 바꾸어야 한다.

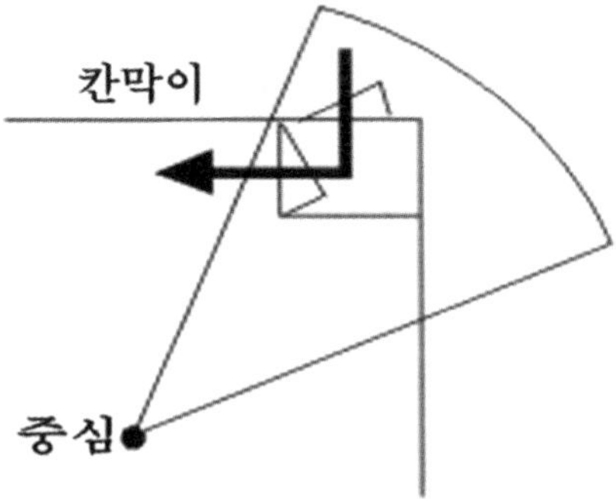

10. 돌출을 이용하라.

돌출은 건물의 한 방면이 전체 길이의 1/3 정도 위치에서 불룩 튀어나온 것을 말한다. 동남쪽이나 북서쪽에 있는 것이 가장 좋고, 두 곳에 모두 있으면 더 좋다. 돌출이 있으면 대체로 길하나 지나치게 크거나 길면 다른 곳이 함몰되는 결과를 가져오니 조심해야 한다. 돌출은 만들어도 된다. 가장 많이 쓰는 방법은 출입구 앞에 기둥을 세우고 지붕을 이어 붙이는 것이다. 이 두 방향에 돌출을 만들 때는 동쪽과 북쪽이나 서쪽과 남쪽이나 동쪽과 남쪽이나 남서쪽과 북서쪽이나 동쪽과 서쪽에 설치한다. 그리고 돌출은 칸막이나 덮개로 설치해도 좋다. 두 곳에 돌출을 설치할 때는 다음과 같이 한다.

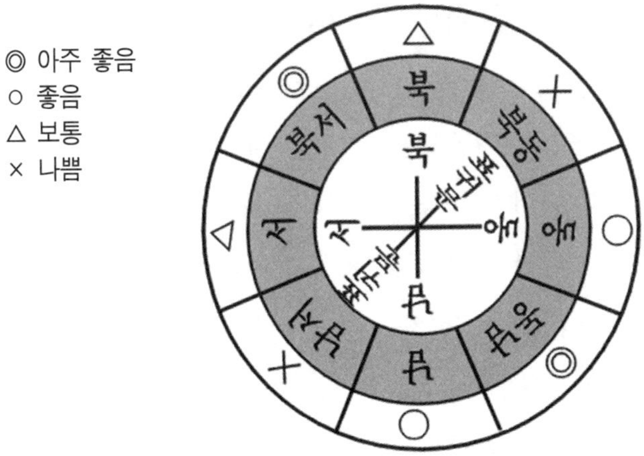

돌출의 길흉 방위

방 위	설치하는 방법
동쪽과 북쪽	동쪽에는 건물의 1/3 길이로 만들고, 북쪽에는 동쪽 돌출의 절반 정도 길이로 만든다.
동쪽과 남쪽	두 곳 모두 건물의 1/3 길이로 만든다.
동쪽과 서쪽	동쪽에는 건물의 1/3 길이로 만들고, 서쪽에는 동쪽 돌출의 절반 길이로 만든다.
서쪽과 남쪽	남쪽에는 건물의 1/3 길이로 만들고, 서쪽에는 남쪽 돌출의 절반 길이로 만든다.
동남쪽과 북서쪽	두 곳 모두 건물의 1/3 길이로 만든다.
동남쪽과 동쪽	두 곳 모두 건물의 1/3 길이로 만든다.
동남쪽과 북서쪽	두 곳 모두 건물의 1/3 길이로 만든다.

11. 출입구 방향과 돌출은 이렇게 설치하라.

출입구 방향이나 돌출도 좋은 경우가 다르다. 가령 어느 업종이 동남쪽·북서쪽·북쪽이 좋다면 동남쪽과 북서쪽에 출입구를 내거나 돌출을 설치하고, 나머지 북쪽은 청결하게 해야 한다. 그리고 돌출을 설치할 때는 주의할 점이 있다. 동쪽과 서쪽, 북쪽과 남쪽, 동남쪽과 북서쪽에 사우선으로 설치할 때는 건물의 전체 구조가 십(十)자 모양이면 안 된다. 만일 돌출을 설치하기 힘들면 실내의 배치를 바꾸어 좋은 방향에 출입구를 내고, 좋은 방향이 함몰되어 있으면 이사하는 것이 좋다. 다음을 참고하기 바란다.

업 종	좋은 방위	주의사항
식당, 커피숍	북, 동남	돌출설치, 청결유지
불고기·갈비집	동, 남	중심에 화기를 놓지 말 것
여행사, 여관	북서, 동남	본관 위치가 중요
슈퍼마켓	동남, 북서, 북	상품진열 위치가 중요
식품점	남, 동남	파손없는 건물일 것
양조업	북, 북서, 동	두 곳에 돌출설치
청과업	북, 남	여러 방위에서 판매
생선, 어물상	북, 동남, 서	청결유지
떡집, 제과점	동남, 동, 남	입구에 돌출설치
의류업	동남, 북서	돌출설치
가구점	동남, 북서	입구와 창고에 돌출설치

업 종	좋은 방위	주의사항
전기업, 전파상	동, 남	입구에 돌출설치
시계점, 금은방	동, 북, 북서	돌출설치
사진관	동남, 동, 남	입구 방위가 중요
약국	북, 동	분재배치
화장품점	북, 동남, 동	돌출설치
철물점, 잡화상	북서, 동남	금전출납처 방위가 중요
구두점	동남, 동, 남	입구 방위가 중요
자동차 관련업	북서, 동, 동남	사무실 방위가 중요
주유소	북서, 동, 동남	주위환경과 관계가 중요
건축업	동, 동남	돌출설치
농업, 목축업	북, 남	청결유지
어업	동남, 서	두 방향에 돌출설치
원예, 화원	동, 동남, 북	청결유지
병의원	북, 동	돌출설치와 청결유지
노인이 사는 집	북서, 북	건축물 위치가 중요
교육계	남, 북	자택이 중요
연예인	동, 남서, 남	한 곳에만 돌출설치
제조업	동, 남	두 방위에 돌출설치
광고업	동, 북	청결유지
운동선수	북서, 동남	자택이 중요
관광업	남서, 서, 북	대문이 필요없음

12. 귀문방은 피하라.

귀문방(鬼門方)은 귀신이 출입하는 곳으로 북동쪽과 남서쪽을 말한다. 이 곳에 출입구나 돌출이 있거나 상품을 진열하면 흉하다. 만일 주력상품을 귀문방에 진열하면 판매가 부진해진다.

한 건물에 여러 상점이 있는 경우가 많은데 이 때도 먼저 귀문방을 살펴야 한다. 건물의 귀문방과 점포의 귀문방이 모두 중요하다. 건물 전체의 중심에서 보았을 때 정문이 귀문방에 있으면 그 건물에 있는 점포들은 대부분 흉하다. 이 때는 주변에 수목이나 분재를 놓아두면 다소 보완할 수 있다.

점포의 중심에서 보았을 때 귀문방에 출입구나 화기나 화장실이 있으면 좋지 않고, 금전출납을 담당하는 곳이나 경영자의 자리가 있어도 좋지 않다. 또 건물의 중심에서 보았을 때 계단이나 엘리베

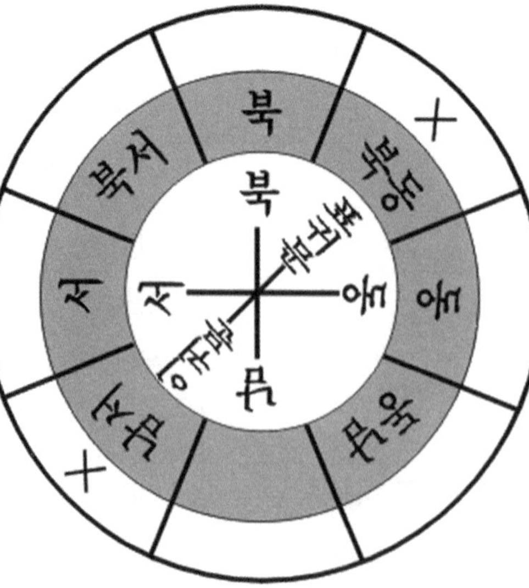

귀문방 활용하는 방법

이터가 귀문방에 있으면 능률과 매상이 오르지 않고, 계단이나 엘리베이터 사고가 자주 일어난다.

13. 함몰을 조심하라.

함몰은 돌출과 반대로 건물의 한 방면이 전체 길이의 1/3 정도에서 오목하게 들어간 것을 말하는데 어떤 경우에도 흉하다. 북서쪽이 함몰되면 자금난을 겪는데 귀문방인 북동쪽이나 남서쪽에 화장실·쓰레기시설·연못·분수 등이 있으면 더 나쁘다. 특히 귀문방이 함몰되면 재기불능의 타격을 받고, 동남쪽이 함몰되면 신용과 고객을 잃는다.

함몰이 있으면 흉한 방위

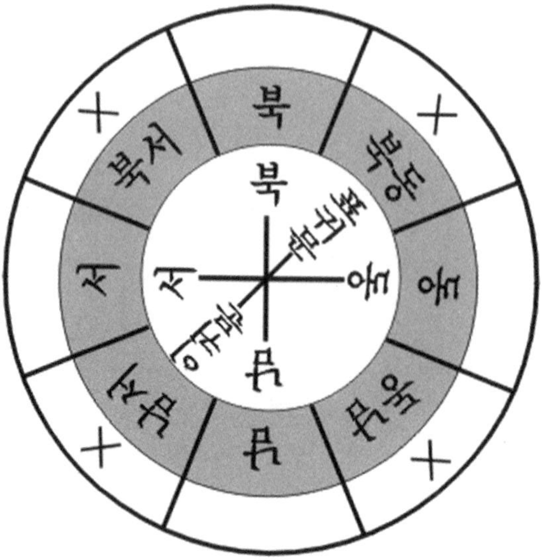

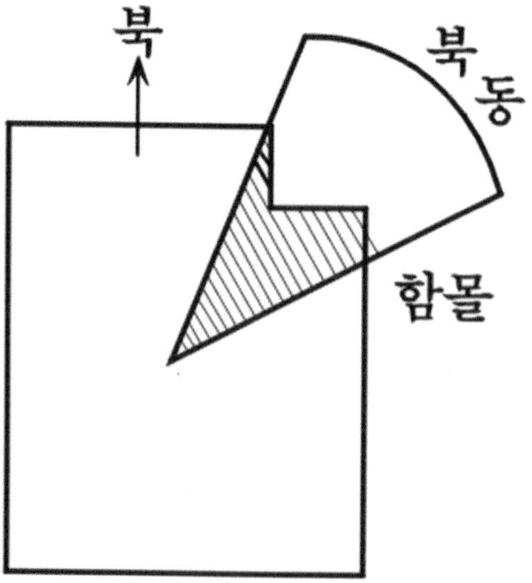

14. 소매업은 북쪽에 도로가 있으면 나쁘다.

점포의 북쪽에 도로가 있으면 정문이 북쪽에 있을 가능성이 높다. 정문이 귀문방인 북동쪽에 있으면 좋지 않고, 북쪽이나 북서쪽에 있어도 좋지 않다. 도로는 점포를 기준으로 보았을 때 남쪽이나 동쪽에 있는 것이 좋다. 만일 도로가 서쪽에 있으면 북쪽으로 정문을 내면 무난하다. 잡화점・구멍가게・음식점・병원・회계사 사무실・변호사 사무실도 정문의 위치가 중요하다. 나쁜 방위에 낼 수 밖에 없으면 수목으로 나쁜 기운을 흡수시켜 완화시켜야 한다.

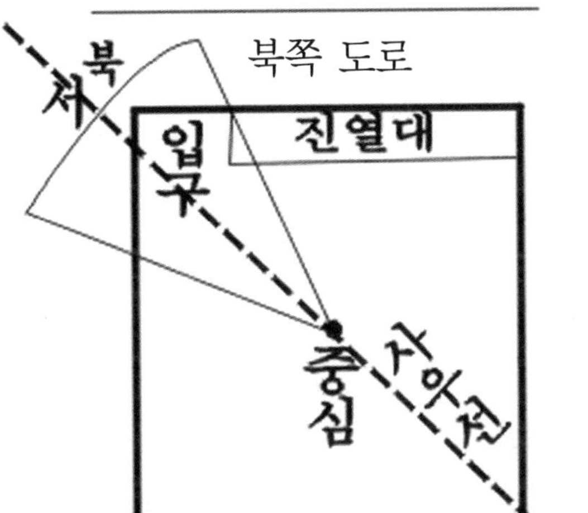

북쪽에 도로가 있을 때 배치하는 방법

15. 식물로도 운세를 바꿀 수 있다.

식물은 공기를 정화시키므로 기분을 상쾌하게 만들어준다. 따라서 정문 · 화장실 · 정화조 · 출입구 근처 · 귀문방인 북동쪽과 남서쪽 근처에 식물을 놓아두면 좋다. 식물은 좋은 방위에 놓아도 좋으나 통행에 불편을 주거나 공기의 흐름을 막지 않도록 배치해야 한다.

16. 통풍구 위치도 중요하다.

통풍구의 위치에 따라 종업원과 고객의 기분이 달라지므로 잘 설치해야 한다. 나쁜 공기는 귀문방인 남서쪽에서 들어와 북동쪽으로 빠져나가므로 북동쪽에 설치하는 것이 좋다. 층수가 많은 건물에서 중앙에 통풍구가 있으면 아래층의 나쁜 공기가 올라와 위층을 오염시키기 때문에 좋지 않다.

17. 화장실 위치가 중요하다.

화장실은 점포의 중심에서 보았을 때 동쪽 · 동남쪽 · 북서쪽에 있으면 무난하나 경영자의 띠와 같은 방위에 있으면 좋지 않다. 집의 중심에서 보았을 때는 북동쪽과 남서쪽에 있으면 흉하다. 건물이 2층 이상일 때는 위층 화장실 아래에 사장실이나 금고나 출입구가 있으면 흉하다.

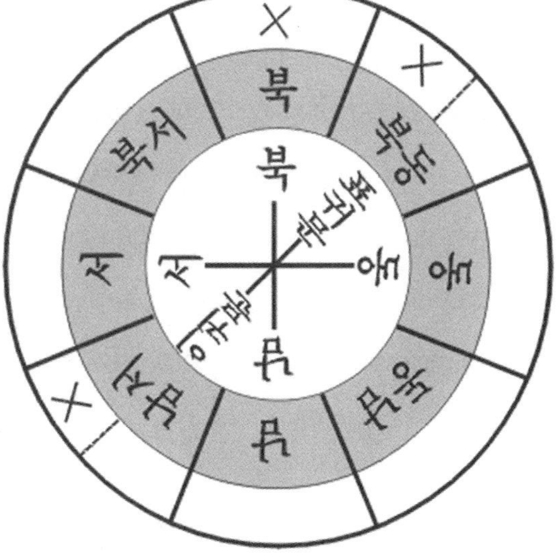

주택에서 흉한 화장실 방위

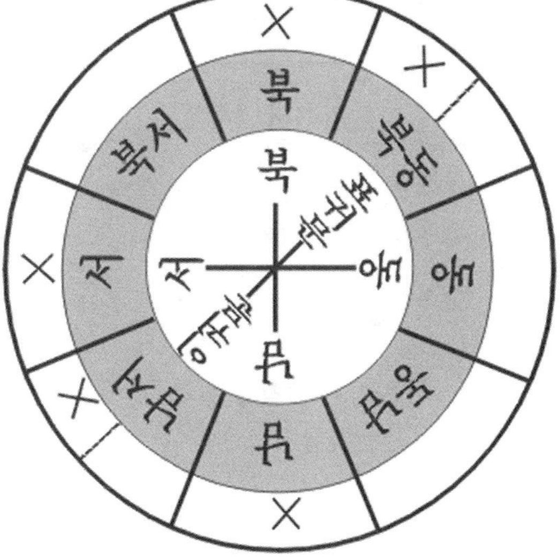

점포에서 흉한 화장실 방위

18. 불을 쓰는 점포에서는 화기를 놓는 위치가 중요하다.

불을 사용하는 점포에서는 화기를 어디에 놓느냐에 따라 매상이 달라진다. 남쪽에 놓는 것이 가장 좋고, 그 다음은 동쪽과 동남쪽이 좋다. 북동쪽과 남서쪽은 가장 나쁘고, 서쪽과 북서쪽도 나쁘다. 그리고 점포의 중심에 놓지 말고 주변에 설치해야 한다. 만일 북쪽 · 북동쪽 · 남서쪽이나 점포 중심에 놓으면 종업원이나 손님이 문제를 일으킬 소지가 많고, 귀문방인 북동쪽과 남서쪽에 놓으면 화재가 일어날 위험이 높다.

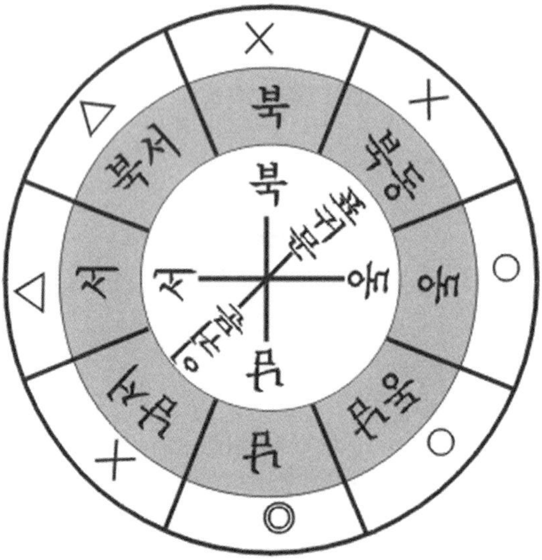

화기의 길흉 방위

19. 물을 조심하라.

물은 대개 나쁜 작용을 하므로 물을 다루는 직업 외에는 멀리하는 것이 좋다. 생활용수 외에는 연못·분수·폭포 등 모두 불길하다. 특히 귀문방인 북동쪽이나 남서쪽, 그리고 서쪽에 연못·분수·폭포가 있으면 자손이 끊어지고, 혼사가 이루어지기 힘들며, 과부가 나오는 등 매우 흉하다.

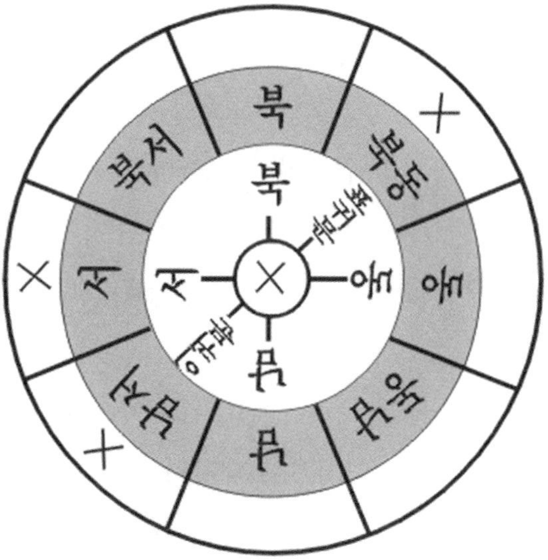

물이 있으면 흉한 방위

20. 물통과 수조, 수족관 위치도 중요하다.

물통과 수조(水槽)와 수족관 등이 좋은 방위에 있으면 길하고, 나쁜 방위에 있으면 흉하다. 동쪽·동남쪽·북서쪽·북쪽에 있으면 사업이 발전하고, 귀문방인 북동쪽이나 남서쪽, 그리고 남쪽이나 서쪽에 있으면 활력을 잃고 일이 잘 되지 않는다.

21. 물탱크의 방향에 조심하라.

대개 옥상에 있는 물탱크는 길흉작용을 강하게 한다. 물탱크는 건물의 중심에서 보아 동쪽·동남쪽·북동쪽·북서쪽에 있는 것이 좋다. 이 외에는 모두 흉하고, 정중선과 사우선과 귀문선에 있어도 흉하다. 만일 귀문방인 북동쪽이나 남서쪽, 그리고 북쪽에 있으면 피로를 잘 느낀다.

22. 공장에서는 기계의 위치가 중요하다.

기계는 공장의 중심에서 보아 북서쪽에 놓는 것이 좋다. 북동쪽이나 남서쪽에 놓으면 고장이 잦고, 불량한 상품이 나오며, 부도가 나기 쉽다.

23. 신불(神佛)은 놓는 위치가 중요하다.

부처나 신은 귀문방인 북동쪽과 남서쪽에 모시면 좋지 않다. 동쪽·동남쪽·남쪽이 좋다.

24. 사장실과 경리실은 북서쪽이 좋다.

북서쪽은 어른·부친·자본가·남편 등을 뜻하고, 저축을 뜻하기도 한다. 따라서 사장실과 경리실은 귀문방인 북동쪽과 남서쪽은 피하고, 북서쪽에 배치해야 좋다.

사장실 · 경리실의 길흉 방위

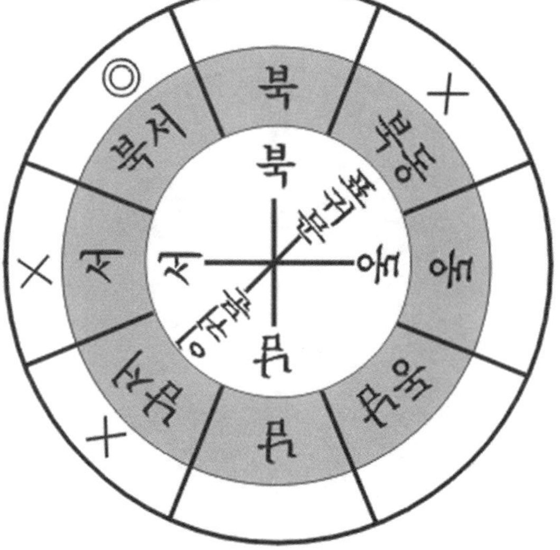

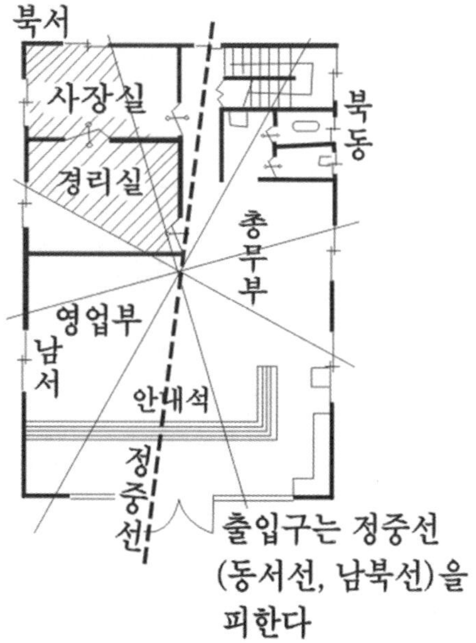

25. 기술 · 기획 · 연구 분야는 동쪽이나 북쪽이 좋다.

건물의 중심에서 보아 동쪽이나 북쪽에 기술 · 연구 · 기획 분야의 사무실을 배치하면 좋다.

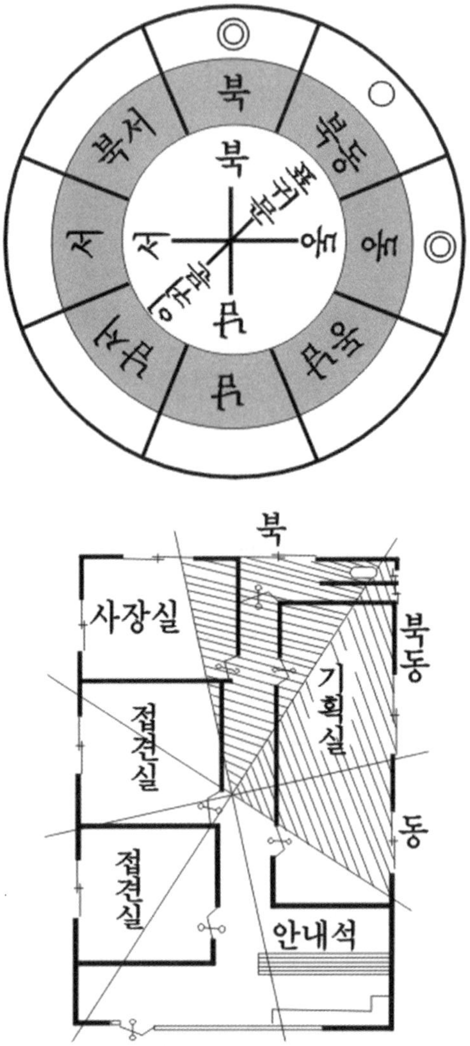

기술 · 기획 · 연구 분야의 길흉 방위

26. 적자로 허덕인다면 이 곳을 살펴라.

만일 적자로 허덕인다면 귀문방인 북동쪽과 남서쪽에 쓰레기시설 · 분수 · 연못 · 우물 · 물통이 있는지, 북서쪽 · 동쪽 · 동남쪽이 함몰되었는지, 북쪽에 화장실이나 화기가 있는지, 북쪽 · 북동쪽 · 남서쪽에 정문이 있는지를 살펴라. 만일 해당하는 것이 있으면 이사하거나 점포를 개조해야 한다.

27. 풍수가 좋아도 망할 수 있다.

사업에 성공하는 점포의 일반적인 조건을 정리하면 다음과 같다.

① 동남쪽과 북서쪽 두 곳에 돌출이 있어야 한다.

② 동쪽 · 동남쪽 · 남쪽에 정문이 있어야 한다.

③ 남쪽의 햇빛을 받아야 한다.

④ 계단이나 엘리베이터가 북동쪽이나 남서쪽에 있으면 안 된다.

⑤ 화장실 · 화기 · 싱크대 · 쓰레기시설 등의 불결한 것이 정중선이나 사우선 중심에 있거나 귀문방인 북동쪽과 남서쪽에 있으면 안 된다.

⑥ 출입구에 소나무 종류의 분재가 있어야 한다.

⑦ 북쪽에 더러운 물건이 있으면 안 된다.

⑧ 자신의 띠와 같은 방위에 출입구가 있으면 안 된다.

28. 종업원들이 자꾸 사표를 낸다면 이 곳을 살펴라.

종업원들이 자꾸 사표를 내면 귀문방인 북동쪽이나 남서쪽, 그리

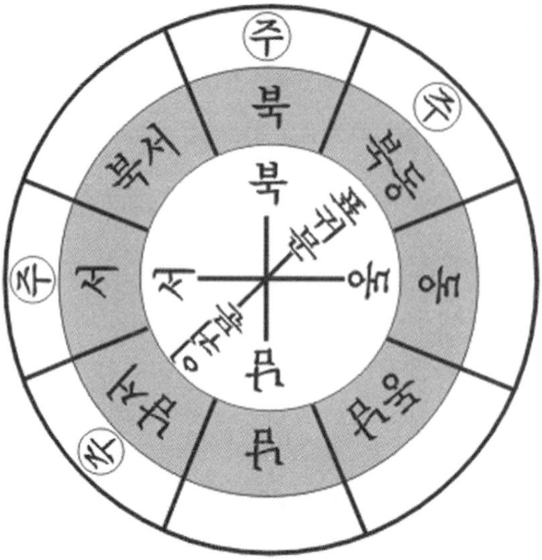

고 북쪽이나 서쪽에 정문이 있는지를 살핀다. 북쪽에 출입구나 더러운 물건이나 화장실이나 쓰레기시설 등이 있으면 좋은 종업원이 들어오지 않고, 있던 사람도 나간다. 설사 사표를 내지 않더라도 게으름을 피우거나 불평불만이 많다. 만일 서쪽에 출입구가 있거나, 연못이나 싱크대 같은 물과 관계있는 것이 있거나, 서쪽의 정중선에 하수도나 상수관이 있으면 종업원이 사표를 낸다.

29. 사기가 떨어진다면 이 곳을 살펴라.

만일 경영자나 종업원의 사기가 떨어진다면 북쪽이나 서쪽에 함몰 · 화장실 · 화기 · 불결한 물건 · 정문이 있는지를 살펴 개선해야 한다. 한 가지 이상 해당하면 이사하거나 개조하는 것이 좋다.

30. 문제가 끊이지 않으면 이 곳을 살펴라.

분쟁 · 도둑 · 부도 · 불량품 생산 · 사기 · 종업원의 사고 등 문제가 잇따르면 귀문방인 북동쪽과 남서쪽에 출입구가 있는지, 동남쪽과 북서쪽이 함몰되었는지, 북쪽에 불결한 것이 있는지를 살펴 개선해야 한다. 동남쪽이 함몰되었으면 인간관계로 인한 분규가 생기고, 북서쪽이 함몰되었으면 금전문제로 고통을 겪는다. 이 외에도 동남쪽의 사우선에 화기나 화장실이 있으면 신용을 잃고, 귀문방에 정문이 있거나 동남쪽과 북서쪽이 함몰되었으면 문제가 생긴다. 북쪽에 더러운 물건이 있어도 흉하다.

31. 도둑이 들면 이 곳을 살펴라.

귀문방인 북동쪽이나 남서쪽에 정문이 있거나, 귀문방이나 북쪽에 화기 · 화장실 · 쓰레기시설처럼 불결한 것이 있으면 도둑이 든다. 이런 경우에는 이사하거나 건물을 개조해야 좋아진다.

32. 북쪽이 더러우면 손님이 줄어든다.

예로부터 우리 조상들은 북쪽을 신성한 방향으로 여겼다. 따라서 점포나 건물의 정북 45도 안은 항상 청결하게 해야 좋다. 이 곳에 화장실이나 주방이나 화기를 두지 않아야 하고, 쓰레기나 오물 등 더러운 것을 두지 않아야 좋다. 귀문방인 북동쪽과 남서쪽에도 부패한 물건이나 더러운 것을 두지 않아야 한다.

33. 천장이 너무 낮아도 발전하지 못한다.

공동 점포든 단독 점포든 천장이 너무 낮으면 좋지 않다. 천장이 너무 낮으면 압박감을 느끼고 공기도 탁해지므로 종업원이나 고객에게 불안감과 불쾌감을 줄 수 있다. 반대로 천장이 너무 높아도 썰렁하게 느껴져 안정되지 않는다.

34. 묘지나 절터, 귀신을 모시던 터는 흉하다.

요즘은 토지개발로 공동묘지 · 전쟁터 · 절터 · 귀신을 모시던 터 · 사형장터 등에 집이나 상가를 짓는 경우가 있다. 이런 곳에 있는 집이나 점포는 시간이 지나면 알기 어려우나 매우 위험하므로 잘 알아보고 들어가야 한다. 매립지에 지은 건물도 역시 흉하다.

35. 골동품도 조심해야 한다.

골동품을 진열하는 상점이 많은데 이것도 조심해야 한다. 전쟁에 참가한 군인의 집, 천인공노할 정치가, 살인자의 집, 살인을 많이 한 장군의 집이나 관계된 유품들은 원한이 서려 있으므로 교통사고나 신경과민 등이 따른다.

36. 지붕이 너무 돌출되어도 좋지 않다.

정문의 지붕이 현관까지 이어져 1~2m를 넘으면 함몰이나 돌출 작용을 한다. 어떤 작용을 하는지는 방향을 보고 정한다.

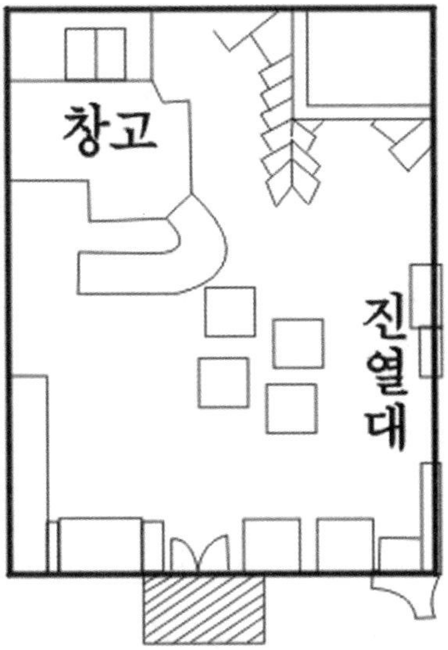

옥상의 돌출 모양

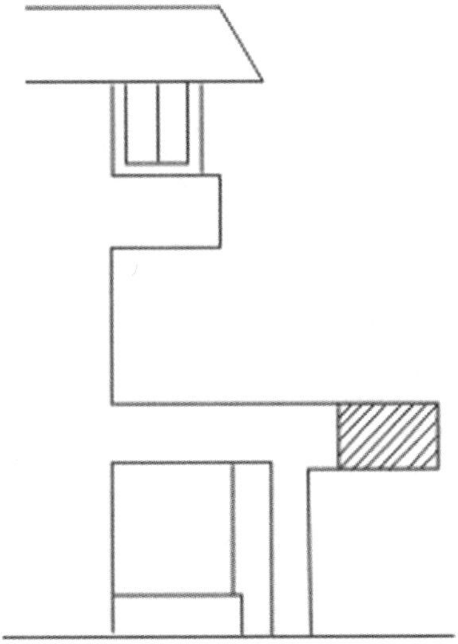

추녀끝이 길게 나온 모양

37. 건강은 집이 결정한다.

건강상태를 알려면 집을 보아야 하고, 화장실 · 욕실 · 주방의 위치가 중요하다. 집주인의 띠 방향에 화장실 · 화기 · 욕실 · 쓰레기시설이 있으면 좋지 않다. 화장실이 집의 중심에서 보았을 때 북쪽 · 북동쪽 · 남서쪽에 있으면 좋지 않고, 주인이나 주부의 띠와 같은 방향에 있어도 불길하다. 욕실에서는 욕조가 북쪽 · 북동쪽 · 남서쪽 · 서쪽에 있으면 불길하고, 화기가 북쪽 · 북동쪽 · 남쪽 · 북서쪽이나 집주인의 띠와 같은 방향에 있으면 좋지 않다. 주방에서는 화기가 북쪽 · 북동쪽 · 북서쪽이나 주부의 띠와 같은 방향에 있으면 좋지 않고, 싱크대는 북쪽 · 북동쪽 · 서쪽이나 주부의 띠와 같은 방향에 있으면 좋지 않다.

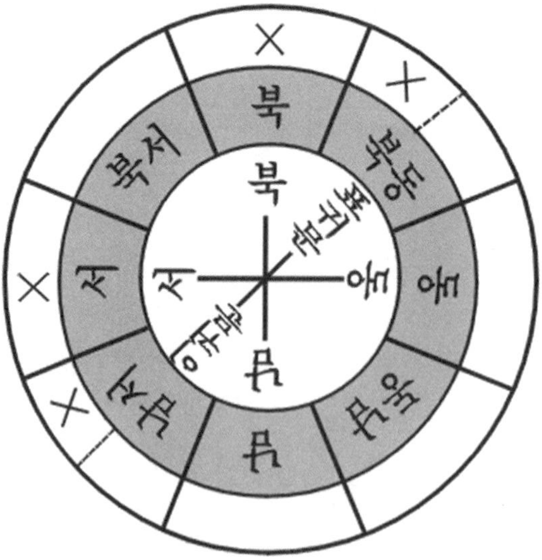

욕실의 흉한 바위

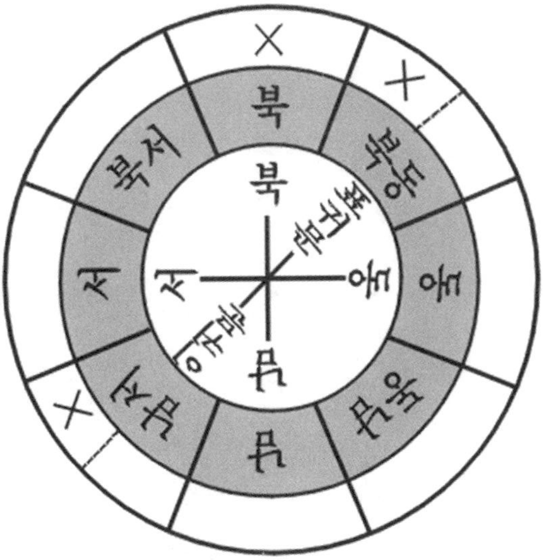

화장실의 흉한 방위

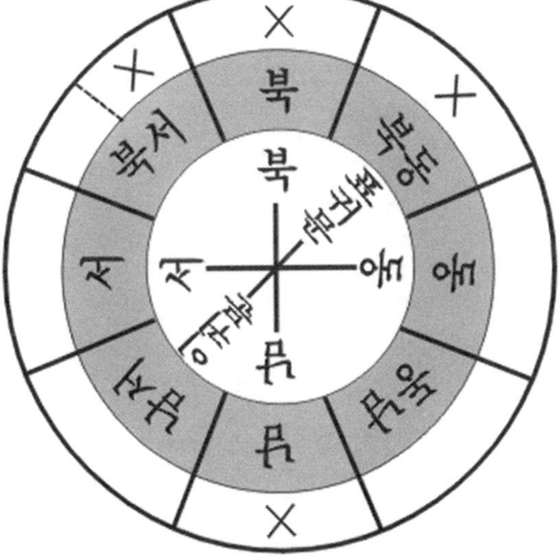

보일러의 흉한 방위

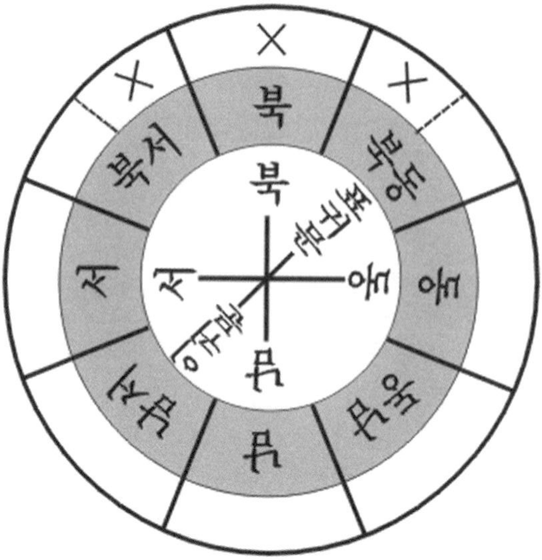

주방에서 화기의 흉한 방위

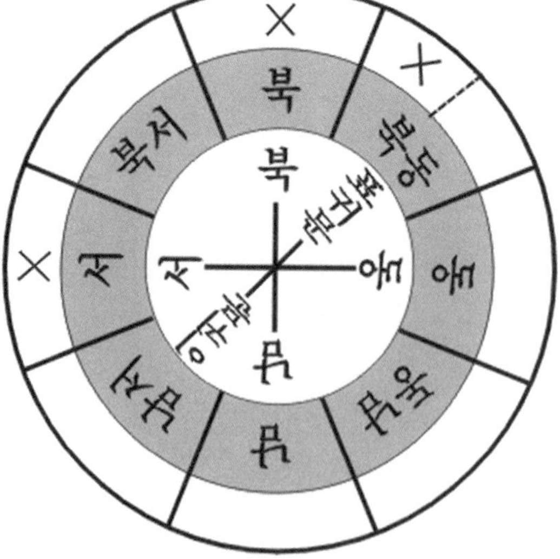

주방에서 싱크대의 흉한 방위

38. 사업의 성패는 대문이 좌우한다.

사업의 성패는 사무실이나 점포만이 아니라 집에 의해서도 달라진다. 사무실 구조가 아무리 좋아도 집의 구조가 좋지 않으면 발전하기 어렵다.

집의 대문은 동쪽·동남쪽·남쪽·북서쪽에 있는 것이 좋고, 북쪽·북동쪽·남서쪽이나 경영자의 띠와 같은 방향에 있으면 좋지 않다. 그리고 함몰된 곳이 없어야 좋으나 동남쪽과 북서쪽에 돌출이 있으면 약간 함몰된 것은 무방하다. 대문이 좋은 방위에 있어도 정중선이나 사우선의 중심에 있으면 좋지 않다. 이런 경우에는 칸막이를 해서 드나드는 방향을 바꾸는 것이 좋다.

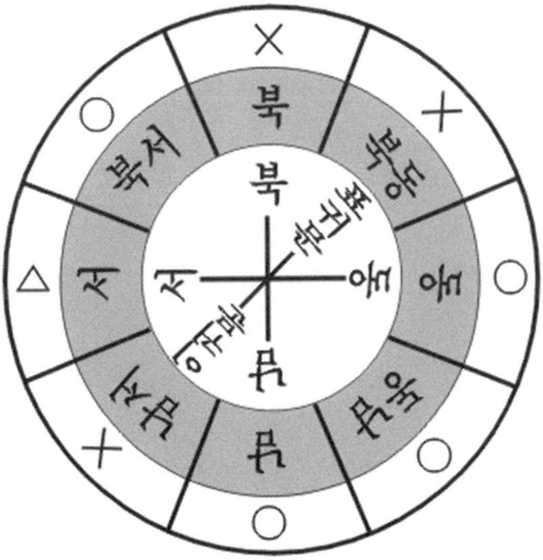

집에서 대문의 길흉 방위

39. 마당에 놓는 돌도 함부로 들이지마라.

마당에 돌을 들여놓을 때도 반드시 잘 알아보아야 한다. 사람들의 우상숭배를 받았던 것, 절이나 귀신을 모시던 집에서 나온 것, 자살했거나 몸이 약한 사람의 집에서 나온 것, 파산한 집에서 나온 것, 비석으로 쓰던 것, 전쟁터에서 가져온 것, 동물이나 사람을 닮은 것, 귀신의 이름이 새겨진 것 등은 모두 흉하니 절대로 들여놓으면 안 된다.

2장. 업종별로 보는 방법과 만드는 방법

1. 음식점과 물장사는 북쪽과 동남쪽이 중요하다.

물을 많이 쓰는 업종인 음식점·다방·술집 등은 북쪽과 동남쪽이 매우 중요하다. 북쪽에 정문이나 화장실·쓰레기시설·화기·정화조 등이 있으면 손님이 오지 않는다. 이런 경우에는 정문 밖에 정원을 만들거나 나무를 심는 등 귀하게 처리하면 나아진다. 동남쪽에는 정문이나 주방이나 객석이 있으면 좋고, 돌출이 있으면 더 좋다. 동남쪽에는 어떤 것이 있든 좋으나 쓰레기시설·화장실·정화조 등 불결한 것은 좋지 않다. 쓰레기시설은 남쪽이나 북서쪽에 두는 것이 좋다.

대형음식점이나 호텔이나 연쇄점은 북쪽과 동남쪽에 돌출이 있으면 좋다. 동남쪽에는 건물 길이의 1/3 정도, 북쪽은 동남쪽 돌출의 절반 정도이면 좋다. 만일 두 곳에 모두 없으면 동남쪽에라도 있어야 한다. 그리고 북쪽은 칸을 막아 창고로 쓰면서 항상 청결하게 하는 것이 좋고, 화장실·정화조·쓰레기시설처럼 불결한 것은 배치하지 않는 것이 좋다.

경영자의 집은 남쪽·북쪽·동남쪽에 대문이 있는 것이 좋으나 북서쪽도 무난하다. 대문은 집주인의 띠와 같은 방위이면 좋지 않다. 예를 들면 용띠와 뱀띠는 동남쪽, 토끼띠는 동쪽, 말띠는 남쪽에 있으면 나쁘다. 대문은 건물의 중심에서 보아 정중선이나 사우선이 지나는 중심에 오지 않도록 비껴서 내야 한다.

2. 객석에서 불을 쓰는 곳은 중심에 화기를 두면 안 된다.

철판구이집 · 불고기집 · 갈비집 · 매운탕집 등 손님 좌석에서 불을 쓰는 업종은 화기를 놓는 위치가 매우 중요하다. 점포 중심에 설치하면 화재가 일어나거나 손님이 줄거나 매출이 부진해 경영이 악화된다. 이런 업종은 동쪽 · 동남쪽 · 남쪽에 정문이 있는 것이 좋고, 부득이 하다면 북서쪽도 무난하다. 주방은 남쪽에 있는 것이 가장 좋고, 동쪽과 동남쪽도 좋다. 북쪽 · 북동쪽 · 남서쪽에 쓰레기시설을 두지 않는 것도 사업을 발전시키는 비결이다.

여러 점포가 모여 있는 건물은 건물 전체의 중심에서 보아 동

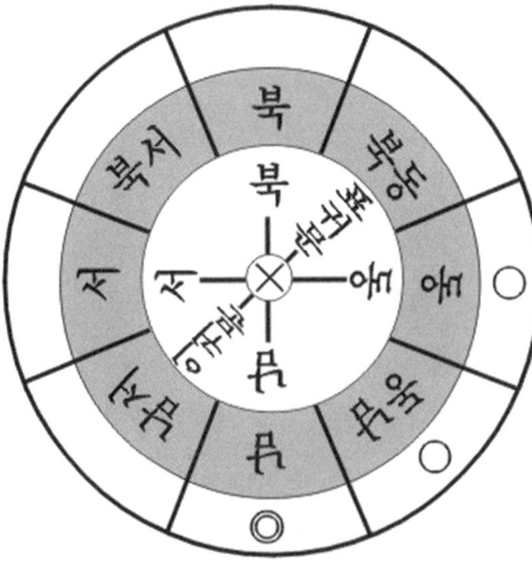

화기와 주방의 길흉 방위

쪽·동남쪽·남쪽에 음식점이 있는 것이 좋다. 북쪽·북동쪽·남서쪽은 매우 흉하다. 화기가 건물 전체의 중심에 있어도 불길하다. 북쪽·남쪽·동남쪽에 정문이나 돌출이 있으면 좋고, 거실이나 서재가 있어도 좋다. 그러나 이 곳에 화장실·정화조·쓰레기시설·싱크대가 있거나 함몰되어 있으면 매우 흉하다. 특히 북쪽에는 화기와 욕실을 두지 않아야 한다. 건물이 아주 작으면 돌출을 설치할 필요는 없고 함몰만 주의하면 된다.

3. 대형음식점과 호텔은 북쪽이나 남쪽에 주방이 있으면 안 된다.

많은 사람이 드나드는 대형음식점과 호텔은 북쪽·남쪽·동남쪽이 중요하다. 이 방위에는 사무실이나 객실을 배치하고 항상 청결하게 해야 한다. 화장실·정화조·쓰레기시설처럼 불결한 것이 있으면 흉하다.

또 주방과 쓰레기시설보다 화장실 위치가 더 중요하다. 북쪽과 남쪽에는 절대 쓰레기시설을 두지 말고, 북쪽에는 화장실과 정문을 두면 안 된다. 주방은 동쪽이나 동남쪽에 있는 것이 좋고, 정문은 남쪽이나 동남쪽에 있는 것이 좋다. 대기업 건물은 북쪽과 귀문방인 북동쪽이나 남서쪽에 화장실을 배치하면 안 된다. 북쪽·남쪽·동남쪽에는 정원·연못·분수가 있어도 좋고 나무를 심어도 좋다.

사무실과 정문의 방위도 중요하다. 넓은 대지에 객실·식당·연회장 등이 모여 있는 경우에는 사무실이나 정문은 대지의 중심에서 보아 동쪽·동남쪽·남쪽·북서쪽에 있는 것이 좋으나 서쪽이나 북쪽에 있으면 불길하다. 정문은 동쪽 · 동남쪽 · 남쪽에 있는 것이 가장 좋다. 객실은 어떤 방위에 있어도 무방하나 객실의 욕실은 동쪽 · 동남쪽 · 북서쪽에 두는 것이 좋다. 만일 욕실이 중심에 있으면 경영난을 겪고 후손이 끊어지며 여자가 주인이 된다.

경영자의 집은 영업장 건물과 분리되어 있어야 좋고, 북쪽 · 남쪽 · 동남쪽은 청결해야 좋다. 대문이 경영자의 띠와 같은 방향이면 좋지 않다.

4. 슈퍼마켓과 백화점은 북쪽에 매장을 설치하면 안 된다.

슈퍼마켓과 백화점은 상품의 종류가 많고 많은 사람이 드나드는 곳이므로 북쪽 · 동남쪽 · 서쪽 처리가 매우 중요하다. 북쪽에는 매장을 배치하지 말고 사무실을 두는 것이 좋다. 화장실 · 정화조 · 쓰레기시설 같은 불결한 것을 설치하면 안 된다. 매장과 전시장은 동쪽 · 동북쪽 · 남쪽에는 배치해도 좋고, 주력상품을 진열해도 좋다. 그러나 동남쪽 · 서북쪽은 나쁘다.

손님이 드나드는 출입구는 동남쪽에 있는 것이 가장 좋고, 남쪽과 동쪽에 있어도 좋다. 그러나 동북쪽과 남쪽에 있으면 적자가 누적된다. 지하층에 매장이 있을 때는 귀문방인 동북쪽과 남서쪽에 출입구가 있거나 주력상품을 진열하면 있으면 매상이 오르지 않는다. 이런 경우에는 출입구나 주요상품 진열대 근처에 분재를 설치하면 조금 나아질 수 있다.

슈퍼마켓과 백화점은 동남과 북서쪽에 건물 길이의 1/3 범위 안에 돌출이 있으면 좋다. 돌출이 없으면 최소한 함몰이라도 없어야 한다. 동남쪽과 북서쪽은 중요한 방위이므로 함몰이 있으면 사업이 발전하기 어렵다.

정문은 동남쪽 · 동쪽 · 남쪽에 있으면 좋으나 경영자의 띠와 같은 방위에 있으면 좋지 않다. 경영자의 집은 북서쪽과 동남쪽과 북쪽에 불결한 것을 두지 않아야 한다. 특히 북쪽에 화장실 · 정화조 · 주방 · 욕실 · 함몰 등이 있으면 흉하다. 이 방위에는 깨끗한 방을 만들어 쓰면 된다.

5. 청과업은 북쪽이나 남쪽에 상품을 진열하면 좋다.

청과물 가게는 북쪽이나 남쪽에 과일을 진열하면 좋으나 화장실 · 정화조 · 쓰레기시설과 같은 불결한 것이 있으면 좋지 않다. 과일은 귀문방인 북동쪽이나 남서쪽에 진열하면 좋지 않다. 여기에는 오래 두어도 상하지 않는 양파나 감자 같은 것을 진열하는 것이 좋다. 출입구는 동쪽 · 동남쪽 · 남쪽 · 북서쪽에 있는 것이 좋으나 정중선과 사우선은 피해야 한다.

경영자의 집도 북쪽과 남쪽을 잘 처리해야 한다. 북쪽에는 절대 화장실 · 쓰레기시설 · 욕실 · 화기 등을 두지 말고, 남쪽에도 주방이나 싱크대를 두면 좋지 않다. 남쪽이나 동남쪽에는 돌출이 있으면 가장 좋고, 북쪽과 남쪽에는 함몰이 없어야 한다. 대문은 동쪽 · 동남쪽 · 남쪽 어디 있어도 좋고, 북서쪽도 무난하다. 그러나 경영자의 띠와 같은 방위나 북동쪽 · 남서쪽 · 서쪽에 있으면 흉하다.

6. 식품업은 용수의 위치가 중요하다.

식품·생선·어류·통조림·식품가공업은 모두 식품과 관계있으나 업종에 따라 용수의 위치가 다르다.

해산물이나 물고기를 다루는 가게는 동쪽·동남쪽·북쪽이 중요하므로 대량으로 쓰는 용수를 이 곳에 설치하는 것이 좋다. 이 방위에 쓰레기시설이나 오물처리장을 두면 안 된다. 특히 북쪽에는 오물처리장·화장실·화기·정화조를 설치하면 안 된다.

신선한 해산물을 파는 가게는 북동쪽이나 남서쪽에 정문이 있으면 생선이 망가지거나 부패하고, 손님과 다투다 신용을 잃고, 심하면 식중독을 일으켜 영업정지 처분을 받게 된다. 정문은 동쪽·동남쪽·남쪽에 있는 것이 가장 좋으나 정중선과 사우선은 피해야 한다. 아무리 방위가 좋아도 정중선과 사우선에 정문이 있으면 흉하다. 활어집은 귀문방인 북동쪽이나 남서쪽, 그리고 북쪽이나 점포의 중심에 오수와 배수구를 설치하면 좋지 않다. 신선해야 하는 상품을 귀문방에 진열하면 손실이 크다.

일반 가공식품업은 남쪽·동남쪽·남서쪽이 가장 중요하다. 두부처럼 물에 담가두는 것은 북쪽에 놓는 것이 좋고, 돌출은 남쪽이나 동남쪽에 있는 것이 가장 좋다. 만일 돌출이 없으면 최소한 함몰이라도 없어야 한다. 북쪽과 남서쪽이 함몰되었거나 정문·화장실·정화조·쓰레기시설과 같은 불결한 것이 있으면 좋지 않다. 특히 남서쪽에는 돌출이 있어도 나쁘니 조심해야 한다. 남서쪽에는 객석이나 진열대를 두지 말고 빈 공간으로 남겨 두거나 관목이나 분재

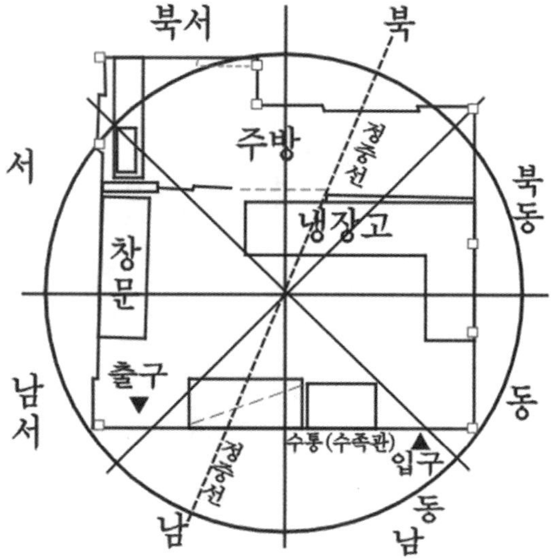

식품점의 배치 방법

를 놓는 것이 좋다. 출입구는 동쪽 · 동남쪽 · 남쪽에 있는 것이 가장 좋고, 화기를 사용하는 업종은 동쪽 · 동남쪽 · 남쪽 · 북서쪽에 있는 것이 좋다.

7. 술 · 담배 업종은 동쪽 · 북쪽 · 북서쪽이 청결해야 한다.

술이나 담배와 관계있는 업종은 동쪽 · 북쪽 · 북서쪽이 가장 중요하다. 사무실이든 공장이든 점포든 이 방위에 불결한 것이나 화장실 · 정화조 · 수도관 · 배수관이 있으면 좋지 않다. 이 방위에는 돌출이 있으면 좋은데 두 곳에 있으면 더 좋다.

술을 만드는 공장이 사무실과 같은 대지에 있을 때는 사무실은

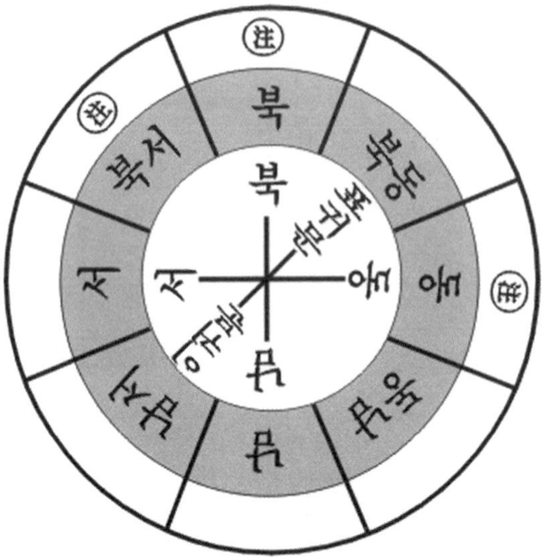

술 · 담배 업종의 중요한 방위

대지의 중심에서 보아 동쪽 · 동남쪽 · 남쪽 · 북서쪽에 있어야 좋다. 북쪽과 서쪽에 수도가 있으면 안 되고, 건물 중심으로 물이 흐르면 매우 흉하다.

술을 만드는 업종의 경영자 집은 물이 흐르는 방위가 가장 중요하다. 건물의 중심과 서쪽과 북쪽에는 절대로 욕실이나 물통을 두면 안 되고, 북쪽과 북서쪽은 항상 청결하게 해야 한다. 이 방위에 지붕부터 동남쪽 대문까지 이어지는 돌출을 설치하면 매우 좋다. 그러나 경영자가 용띠나 뱀띠이면 동남쪽에 대문이 있으면 흉하다. 자신의 띠와 같은 방위에 정문이 있으면 좋지 않기 때문이다.

8. 해산물업은 귀문방에 물통을 두면 안 된다.

활어처럼 신선한 물고기를 취급하는 업종은 북쪽이 가장 중요하고, 그 다음은 동남쪽과 서쪽이 중요하다. 이 방위에는 절대로 불결한 것을 두거나 화장실 · 쓰레기시설 · 물고기 오물처리장 · 화기 · 하수구 등을 설치하면 안 된다.

출입구는 동쪽 · 동남쪽 · 남쪽에 있는 것이 가장 좋고, 북서쪽도 무난하다. 북쪽에는 물통 · 수조 · 진열대를 두어 사람의 통행을 막는 것도 좋은 방법이다. 수조 · 물통 · 상품은 귀문방인 북동쪽이나 남서쪽에 배치하면 안 된다. 물통이나 수조는 북쪽이나 북서쪽에 있는 것이 좋다.

경영자의 집은 북쪽 · 서쪽 · 동남쪽이 가장 중요하다. 북쪽에는 절대로 화장실 · 연못 · 화기 · 정화조 · 욕실 · 싱크대 등을 두면 안 되고, 동남쪽과 서쪽은 절대로 함몰되어 있으면 안 된다. 동남쪽에는 건물 길이의 1/3 정도 안에 돌출이 있으면 좋고, 서쪽에는 동남쪽의 절반 길이의 돌출이 있으면 좋다. 서쪽에 침실이나 서재를 배치해도 좋다.

9. 제과업은 화기의 위치가 중요하다.

제과업은 판매하는 곳과 만드는 곳이 따로 있는 경우가 많다. 판매점은 점포의 중심에서 보아 북쪽과 동남쪽이 가장 중요하다. 특히 북쪽은 항상 청결하게 해야 하며, 절대로 화장실 · 쓰레기시설 · 정화조와 같은 불결한 것이 있으면 안 된다.

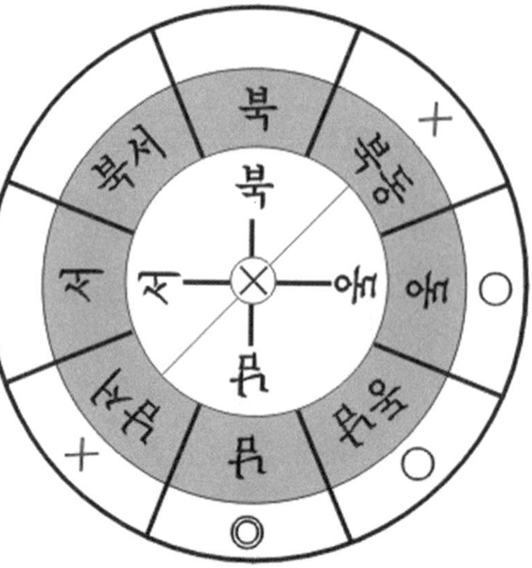

제과업의 길흉방위

출입구는 동쪽·동남쪽·남쪽에 있는 것이 좋다. 만일 출입구가 정중선과 사우선에 있으면 칸막이를 만들어 방향을 바꾸는 것이 좋다. 그리고 점포 앞은 항상 깨끗하게 하면서 주고객인 여성들이 좋아하는 부드러운 색으로 꾸며놓으면 좋다. 상품의 진열도 어디에 어떻게 하느냐에 따라 매출이 달라진다. 인기있는 상품이라도 흉한 방위에 진열하면 판매가 부진해지니 점포의 중심이나 귀문방인 북동쪽이나 남서쪽에는 주력상품을 배치하지 않는 것이 좋다.

공장은 북쪽·남쪽·동남쪽과 화기를 놓는 위치가 중요하다. 공장보다 더 중요한 것은 본관 건물의 남쪽과 동남쪽이다. 이 곳에 돌출이 있으면 판매가 촉진된다. 회사의 규모가 클수록 돌출의 중요

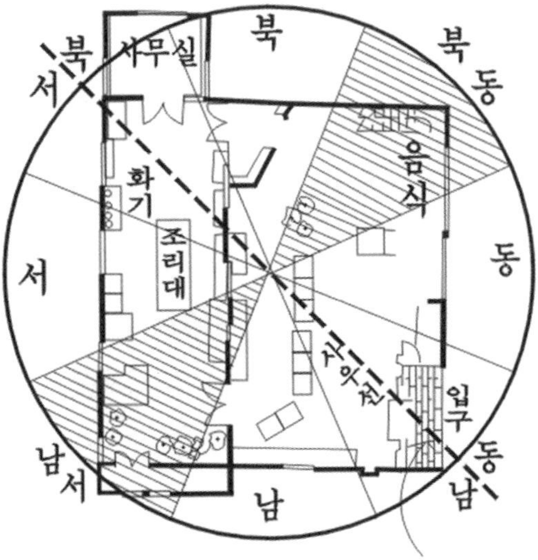

제과점 · 분식점 · 떡집의 배치 방법

성도 크다. 북쪽에는 화장실 · 쓰레기시설 · 정화조 등을 두지 말아야 한다. 화기는 공장의 중심에서 보아 남쪽에 놓는 것이 가장 좋고, 그 다음은 동쪽 · 동남쪽 · 북서쪽이 좋다. 화기를 많이 사용하는 공장은 공장의 중심에 화기를 두지 말아야 한다. 만일 중심에 두면 분규와 화재가 일어날 소지가 많다. 1층에 판매부가 있는데 2층에 건물 중심이나 북쪽 · 북동쪽 · 남서쪽에 화기를 두면 판매가 부진하거나 노사분규가 일어나는 등 흉하다.

경영자의 집은 북쪽 · 남쪽 · 동남쪽이 중요하므로 불결한 것을 두지 말아야 한다. 북쪽과 남쪽에는 화장실이나 정화조 같은 불결한 것을 두지 말아야 하고, 대문은 동쪽 · 동남쪽 · 남쪽에 있는 것이 좋다. 집의 북쪽·북동쪽·남서쪽에는 불결한 것이나 화기를 설치하면 안 되고, 서쪽에는 연못이나 욕실 등 물이 흐르는 시설이 있으면 좋지 않다. 북쪽·남쪽·동남쪽 중에서 두 곳에 돌출이 있으면 매우 좋다. 만일 함몰된 곳이 있으면 이사하는 것이 좋다.

10. 양복점과 방직업은 서쪽과 남서쪽을 조심해야 한다.

방직공장·옷감가게·커텐가게는 서쪽과 남서쪽이 좋지 않은 방위다. 이 곳에 출입구가 있으면 손님이 줄어 파산할 수 있고, 북동쪽도 흉하다. 이 업종은 북쪽·북서쪽·동남쪽이 대길하니 이 방위에 화장실이나 불결한 것을 두면 안 된다. 특히 북쪽에는 화기나 싱크대를 두지 말고 항상 청결하게 해야 한다.

출입구는 동남쪽에 있는 것이 가장 좋고, 동남쪽과 북서쪽에 돌출이 있으면 좋다. 돌출을 설치하는 방법은 출입구에 기둥을 세우고 지붕을 연결하면 된다. 방직공장은 사무실이 있는 건물의 동쪽·동남쪽·북서쪽이 중요하고, 북쪽·북동쪽·남서쪽에 정화조나 쓰레기시설이 있으면 좋지 않다.

경영자의 집은 동남쪽·북서쪽·북쪽이 중요하다. 동남쪽과 북서쪽 두 곳에 돌출이 있고, 북쪽에는 함몰이 없고 청결하면 안전하게 발전할 수 있다. 만약 북쪽·북동쪽·남서쪽에 화장실·싱크대·화기·욕실·정화조 등이 있으면 경영자의 건강이 나빠지고 사업에 대한 열정도 식는다. 특히 쥐띠는 북쪽에 화기가 있으면 마음이 안정되지 않아 사업이 잘 되지 않는다.

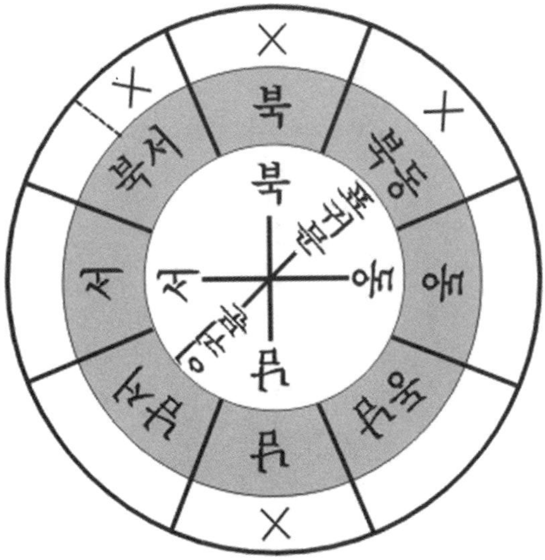

보일러의 흉한 방위

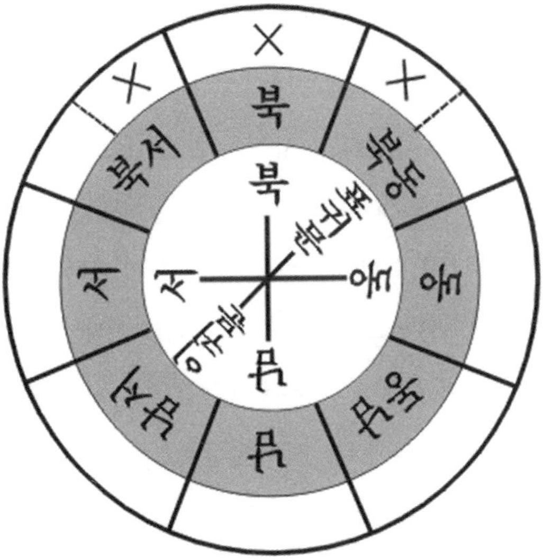

주방 화기의 흉한 방위

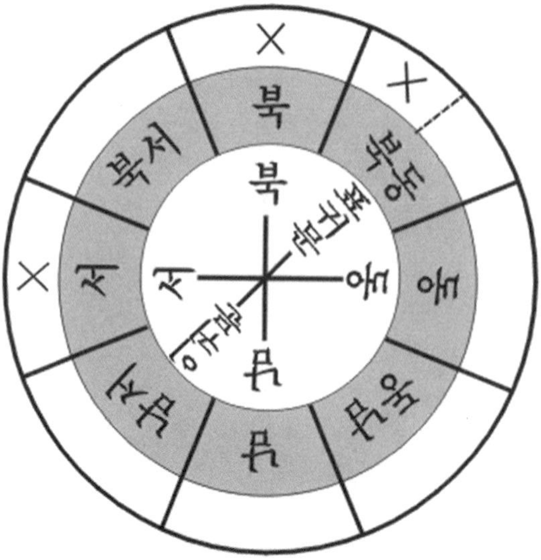

주방 싱크대의 흉한 방위

11. 가구점 · 목재공장 · 목재상은 서쪽이나 남서쪽에 정문이 있으면 안 된다.

가구점 · 목재공장 · 목재상은 서쪽이나 남서쪽에 출입구가 있으면 사기를 당하거나 부도가 나거나 손님이 줄어드니 매우 흉하다. 이 업종은 동남쪽과 북서쪽에 돌출이 있고, 항상 청결하게 하면 좋다. 경영자의 집 역시 동남쪽과 북서쪽에 대문이 있으면 좋고, 이 두 곳에 돌출이 있으면 주변의 도움을 많이 받는다. 북쪽 · 북동쪽 · 남서쪽에는 화장실 · 정화조 · 욕실 · 싱크대 같은 불결한 것을 두면 안 되고, 차고는 건물의 동쪽 · 서쪽 · 동남쪽 · 북서쪽에서 떨어져 있어야 사고가 나지 않는다.

목재상이나 목수나 가구점으로 성공하고 싶으면 마당이 넓고 나무가 있는 집이 좋다. 대문은 동쪽·동남쪽·남쪽에 있는 것이 좋고, 도로 때문에 북쪽으로 내야 한다면 칸막이를 이용해 북서쪽으로 내고 정중선과 사우선은 피해야 한다. 집이든 점포든 서쪽과 남서쪽에 정문이 있으면 안 되고, 경영자의 띠와 같은 방위도 피해야 한다.

12. 전기·전자제품 업종은 정중선과 사우선에 출입구가 있으면 안 된다.

전기나 전자제품과 관계있는 업종은 동쪽과 남쪽이 중요하다. 점포나 회사의 정문은 동쪽·동남쪽·남쪽에 있는 것이 좋으나 정중선과 사우선은 피해야 한다. 건물 안팎에 분재나 식물이 있으면 손님이 많아지고, 건물의 동쪽이나 남쪽에 돌출이 있으면 좋다. 이 업종은 동쪽에는 정문이 있고, 남쪽·동남쪽·북서쪽에는 돌출이 있으면 크게 성공할 수 있다.

상품은 점포의 동쪽과 동남쪽에 진열하면 좋고, 귀문방인 북동쪽과 남서쪽에는 화장실이나 불결한 것을 두면 안 된다. 경리부와 사장실은 건물의 중심에서 보아 북서쪽에 배치하는 것이 좋다. 만일 북동쪽이나 남서쪽에 정문이 있으면 상품에 문제가 생기며 경영이 어려워지고, 접대실이 있어도 흉하다. 기발한 상품을 개발하고 싶으면 동쪽이나 북쪽에 기획실이나 연구실을 배치하면 좋다.

경영자의 집은 동남쪽과 북서쪽이 중요하다. 이 방위에 돌출이 있

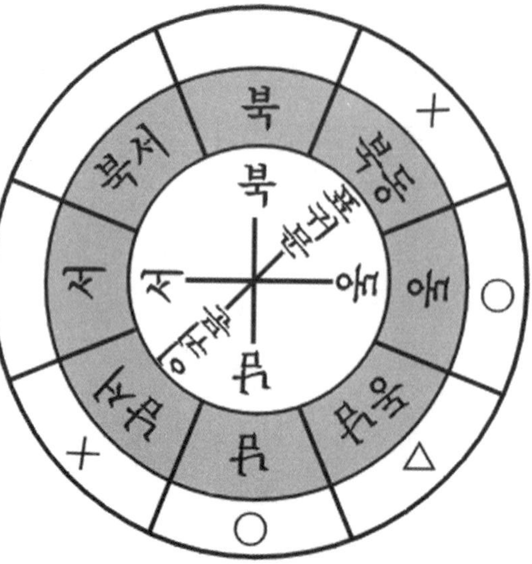

전기업 · 전파상의 길흉 방위

으면 좋고, 만일 거대한 기획을 한다면 화장실 · 정화조 · 욕실 · 싱크대를 배치하면 안 된다. 대문은 경영자의 띠와 같은 방위에 내지 않도록 조심해야 한다.

13. 시계 · 보석 · 금은 업종은 동쪽 · 북쪽 · 북서쪽에 돌출이 있으면 좋다.

이 업종은 동쪽 · 북쪽 · 북서쪽 중에서 한 곳에 돌출이 있으면 좋다. 만일 규모가 크다면 두 곳에 설치하면 좋다. 동쪽 · 동남쪽 · 남쪽이 가장 좋은 방위이고, 서쪽도 좋다. 동쪽과 남쪽 두 통행로의 모서리에 점포가 있으면 좋으나, 동쪽 · 북쪽 · 북동쪽 · 남서쪽 · 북서쪽이 함몰되어 있으면 흉하다. 특히 북동쪽과 남서쪽은 조심해야 한다. 여기에 정문이나 회의실이 있으면 도둑이나 사기를 당할 수 있다. 남서쪽에는 회의실을 배치하거나 상품을 진열하지 말고 수목이나 분재를 많이 놓는 것이 좋다. 고가상품은 귀문방인 북동쪽이나 남서쪽에 진열하면 판매가 부진해지니 피하고 상점 출입구의 북서쪽에 진열하는 것이 좋다.

공장은 동남쪽과 북서쪽이 가장 좋고, 그 다음은 동쪽과 서쪽이 좋다. 사장실도 이 방위에 있으면 좋다. 북쪽에는 화장실이나 정화조 같은 불결한 시설은 피하고, 점포와 공장의 정문은 동쪽 · 동남쪽 · 남쪽이 가장 좋은데 복도 형식으로 만들면 더 좋다. 공장에서 화기를 쓰는 경우에는 건물의 중심은 피하고, 중요한 기계는 공장

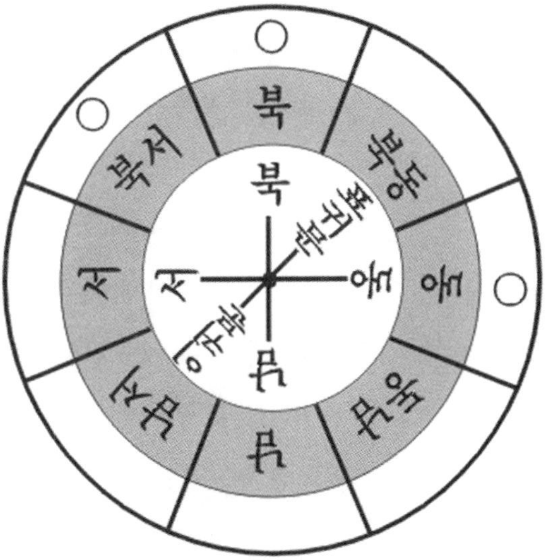

시계 · 보석 · 금은점의 돌출 방위

의 중심에서 북서쪽에 배치한다.

경영자의 집은 동남쪽이나 북서쪽에 돌출이 있으면 좋고, 북쪽·북동쪽·남서쪽에는 대문·불결한 시설·화기를 설치하지 않아야 하고, 정중선과 사우선도 피해야 한다. 대문은 북동쪽과 남서쪽, 그리고 경영자의 띠와 같은 방위에는 내지 않는다.

14. 사진관이나 사진기기 제조업은 정문의 방위가 중요하다.

사진관은 손님이 출입하는 방향이 중요한데 동쪽·동남쪽·남쪽·북서쪽이 좋고, 귀문방인 북동쪽과 남서쪽은 나쁘다. 사진관은 돈을 받는 계산대의 위치도 중요한데 점포의 중심에서 보아 북서쪽이 가장 좋고, 동남쪽도 무방하나 귀문방은 흉하다.

출입구는 동쪽·동남쪽·남쪽이 좋다. 만일 북쪽에 도로가 있으면 칸막이를 만들어 출입구 방향을 북서쪽으로 돌려야 좋다. 북동쪽과 남서쪽, 정중선과 사우선은 피하고, 북쪽과 북동쪽에는 출입구나 창문을 내지 말고 막아놓는 것이 좋다.

사진기기 제조업은 본관과 기획실과 기술개발실의 위치가 중요하다. 공장과 본관이 붙어 있으면 대지의 중심에서 보아 북서쪽에 본관이 있는 것이 좋고, 기술개발실과 기획실은 건물 중심에서 보아 동쪽에 있으면 히트상품을 낼 수 있다. 공장의 정문은 동쪽과 동남쪽이 좋고, 이 곳에 나무를 심으면 더 좋다.

경영자의 집은 동남쪽과 북서쪽이 중요한데 정문이나 돌출이 있으면 좋다. 북쪽·북동쪽·남서쪽에는 화장실·정화조·욕실·쓰

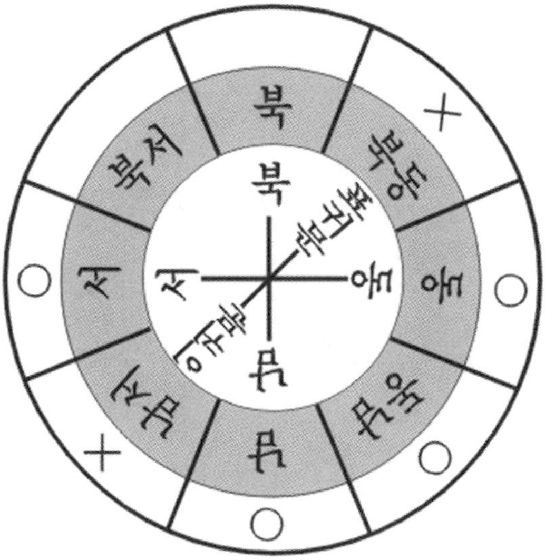

사진관 출입구의 길흉 방위

레기시설 · 싱크대를 두면 안 된다. 정문은 동쪽 · 동남쪽 · 남쪽에 있으면 가장 좋으나 경영자의 띠와 같은 방위는 피해야 한다.

15. 화장품 판매점과 제조회사는 북쪽 · 동쪽 · 동남쪽 중에서 두 곳에 돌출이 있으면 좋다.

화장품 판매점과 제조회사는 북쪽 · 동쪽 · 동남쪽이 중요한데 두 곳에 돌출이 있으면 좋다. 만일 회사의 규모가 크면 세 곳에 모두 설치하는 것이 좋다. 공장과 본사의 정문이 북동쪽 · 남서쪽 · 서쪽에 있으면 판매가 부진하며 아무리 광고를 해도 소용이 없다. 이런 경우에는 정문 앞에 나무를 심거나 실내에 분재를 설치해도 좋다.

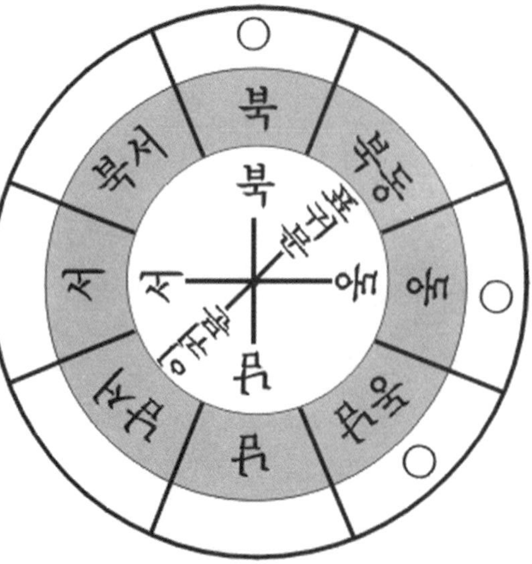

화장품 판매점과 제조회사의 돌출 방위

화장품 판매점은 출입구가 귀문방인 북동쪽과 남서쪽에 있으면 좋지 않고, 북쪽 · 북동쪽 · 남서쪽에 화장실 · 정화조 · 화기 · 쓰레기시설이 있으면 좋지 않다. 동쪽 · 동남쪽 · 북쪽에는 돌출이 있으면 좋다. 화장품 공장은 위의 조건과 화기를 놓는 위치가 중요하다. 화기가 건물의 중심이나 북쪽 · 북동쪽 · 남서쪽에 있으면 화재가 일어날 소지가 높다.

경영자의 집은 동남쪽 · 북서쪽 · 북쪽이 중요한데 이 중에서 두 곳에 돌출이 있으면 좋다. 이 방위에 거실 · 침실 · 서재를 배치하면 좋으나 함몰되어 있으면 불길하다. 정문은 동쪽 · 동남쪽 · 남쪽에 내는 것이 좋으나 경영자의 띠와 같은 방향은 피해야 한다.

16. 약국이나 제약회사는 흉한 터는 피해야 한다.

약국이나 제약업은 생명을 다루는 업종이므로 절대로 흉한 터를 사용하면 안 된다. 약국은 북쪽과 동쪽이 중요하므로 여기에 화장실 · 정화조 · 화기 · 쓰레기시설 등의 비위생적인 시설을 두면 안 된다. 특히 동쪽에 화장실이 있으면 매우 흉하고, 북쪽과 동쪽이 함몰되어 있어도 흉하다. 이 곳에는 식물 · 나무 · 분재 등을 두는 것이 좋다. 출입구는 동쪽 · 동남쪽 · 남쪽에 있는 것이 좋으나 정중선과 사우선은 피해야 한다.

대형약국이나 제약회사는 북쪽 · 동쪽 · 북서쪽이 중요하므로 이 곳이 함몰되어 있으면 좋지 않다. 특히 제약회사의 본관은 북서쪽에 돌출이 있으면 좋고, 북쪽에는 절대로 불결한 것을 두면 안 된다. 그리고 북동쪽과 남서쪽은 귀문방이니 엘리베이터 · 계단 · 접객실 · 회의실을 배치하면 안 되고, 정문은 동쪽 · 동남쪽 · 남쪽에 내는 것이 좋다.

경영자의 집은 북쪽 · 동쪽 · 북서쪽이 중요하므로 이 곳이 함몰되어 있으면 좋지 않다. 북쪽에는 화장실 · 정화조 · 쓰레기시설 · 욕실 · 화기가 있으면 흉하다. 가장 좋은 것은 북서쪽에 돌출이 있는 것이고, 동쪽 · 동남쪽 · 남쪽에 정문이 있는 것이다.

17. 잡화점은 서쪽이나 남서쪽에 출입구가 있으면 좋지 않다.

여러 가지 상품을 취급하는 잡화점은 서쪽과 남서쪽이 중요하다. 이 방위가 함몰되어 있거나 손님이 드나드는 출입구가 있거나 계산대가 있어도 불길하다. 계산대와 금고는 동남쪽·남쪽·북서쪽·북쪽에 두면 금전유통이 원활해진다. 경영자의 집도 서쪽과 남서쪽에 정문을 내면 좋으나 함몰되어 있으면 좋지 않다.

18. 자동차업은 북서쪽에 본사가 있으면 좋다.

자동차 공장·매매·중고상·수리공장·카센터 등은 넓은 터가 필요한 업종이다. 본사의 건물이 공장과 붙어 있으면 대지의 중심에서 보아 북서쪽에 있는 것이 가장 좋고, 그 다음은 동쪽·동남쪽·남쪽에 있는 것이 좋다. 만일 귀문방인 북동쪽이나 남서쪽에 있으면 판매가 부진하여 적자를 낳는다.

자동차 수리공장이나 카센터는 사무실이 동쪽·동남쪽·남쪽·북

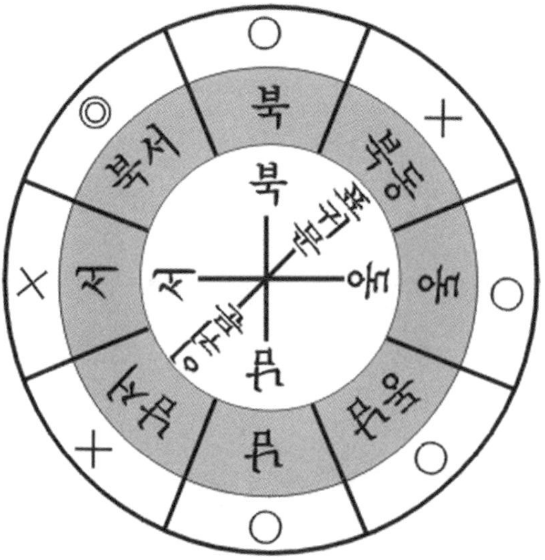

자동차 관련 업종의 출입구 길흉 방위

서쪽에 있으면 좋고, 화장실 · 싱크대 · 정화조 · 쓰레기시설을 이 방위에 배치하면 좋지 않다. 부품점은 정문이 동쪽 · 동남쪽 · 남쪽에 있는 것이 가장 좋다. 그러나 출입구 중심이 정중선과 사우선에 있으면 좋지 않고, 서쪽이나 남서쪽에 있어도 흉하다.

경영자의 집은 동남쪽과 북서쪽을 어떻게 사용하는가가 중요하다. 만약 집이 크면 이 두 곳에 돌출을 설치하면 좋으나 함몰되어 있으면 좋지 않다. 정문이 경영자의 띠와 같은 방위에 있으면 흉하고, 욕실이 귀문방인 북동쪽과 남서쪽에 있으면 흉하고, 마당에 연못이나 분수가 있어도 흉하다. 만일 대지에 물과 관계있는 시설이 있으면 체력이 떨어지며 경영이 부진해진다.

19. 신발가게는 동쪽이나 서쪽에 출입구가 있으면 좋다.

신발가게는 손님이 드나드는 출입구 위치가 매우 중요하다. 동쪽 · 동남쪽 · 남쪽에 있는 것이 좋고, 북서쪽도 무난하다. 상품은 북동쪽 · 남서쪽 · 서쪽에 진열하면 흉하고, 2층 점포이면 귀문방인 북동쪽과 남서쪽에 계단이나 엘리베이터가 있으면 흉하다.

경영자의 집은 동남쪽이나 북서쪽 중 한 곳에 돌출이 있으면 좋다. 북쪽 · 북동쪽 · 남서쪽에 화기 · 화장실 · 정화조 · 싱크대 · 욕실 등을 설치하면 안 된다. 정문은 점포와 마찬가지로 동쪽 · 동남쪽 · 남쪽이 좋고 북서쪽도 무난하나 경영자의 띠와 같은 방위는 피해야 한다.

20. 주유소는 사무실의 위치가 중요하다.

주유소의 사무실은 대지의 중심에서 보아 북서쪽에 있는 것이 가장 좋고, 그 다음은 동쪽과 동남쪽이 좋다. 사무실은 절대로 귀문방인 북동쪽이나 남서쪽에 배치하면 안 되고, 북쪽·북동쪽·남서쪽에는 화장실·쓰레기시설·흡연실·정화조 등의 불결한 것을 두면 안 된다.

경영자의 집은 동쪽·북쪽·북서쪽이 중요하다. 동쪽과 북서쪽에는 어떤 시설이 있어도 좋으나 사업을 확장하고 싶으면 화장실·정화조·욕실·싱크대·쓰레기시설 등의 불결한 것을 설치하지 않는 것이 좋다. 동쪽·북쪽·북서쪽 중 두 곳에 돌출이 있으면 사업을 확장하는데 이롭다.

21. 건축업은 돌출을 설치하는 것이 중요하다.

건축업은 동쪽과 동남쪽이 가장 중요한데 이 두 곳에 돌출이 있으면 좋다. 북쪽이 함몰되어 있으면 좋지 않고, 화장실·정화조·쓰레기시설 등이 있어도 좋지 않다. 정문의 위치는 남쪽이 가장 좋고, 그 다음은 동쪽과 동남쪽이 좋다. 그러나 정중선과 사우선은 피해야 한다.

경영자의 집은 동남쪽과 북서쪽이 중요하다. 이 방위에 돌출이 있으면 좋고, 화장실·정화조·쓰레기시설 등의 불결한 것은 두지 않아야 한다. 대문의 위치는 동쪽·동남쪽·남쪽이 좋으나 경영자의 띠와 같은 방위는 피해야 한다.

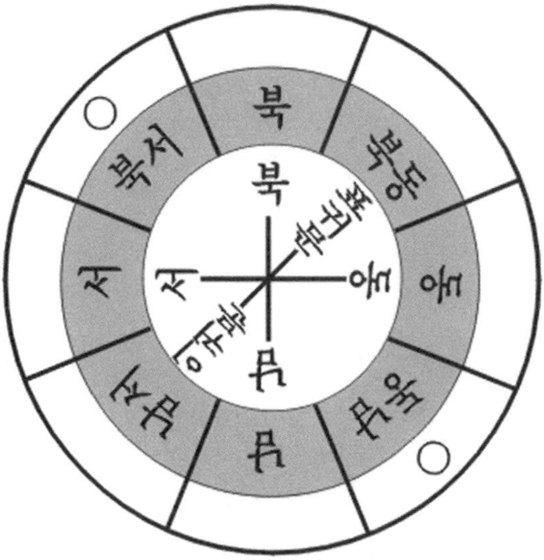

건축업자 집의 돌출 방위

22. 농업과 목축업은 북쪽이나 남쪽에 화장실이 있으면 안 된다.

농업과 목축업은 북쪽과 남쪽이 중요한데 돌출이 있고 항상 청결하면 좋다. 만일 돌출을 설치하기 힘들면 칸막이를 하여 침실로 쓰는 것이 좋다. 만일 이 방위가 함몰되어 있으면 흉하고, 화기 · 화장실 · 정화조 · 욕실 등이 있어도 흉하다. 말이나 양의 사육장은 집의 중심에서 보아 귀문방인 북동쪽과 남서쪽에 있으면 좋지 않고, 북쪽이나 남쪽에 있어도 좋지 않다. 목축업은 북쪽 · 동쪽 · 서쪽이 가장 중요하므로 항상 청결하게 하고 돌출을 설치하면 좋다. 만일 이 방위에 화기 · 오물 · 화장실 · 욕실 등이 있으면 흉하다. 그리고 정문은 경영자의 띠와 같은 방향에 내지 않도록 조심해야 한다.

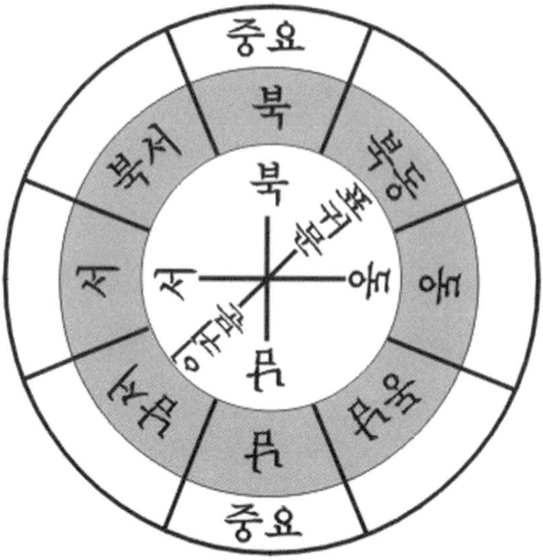

농업 · 목축업의 중요 방위

23. 어업은 북쪽이 중요하다.

어업에 종사하는 사람은 집의 북쪽이 가장 중요하고, 그 다음은 동남쪽과 서쪽이 중요하다. 이 곳을 항상 청결하게 하면서 서재나 거실로 쓰면 좋으나, 화장실 · 오물 · 정화조 · 부패한 물고기 · 화기 등을 두면 좋지 않다.

동남쪽과 서쪽에 돌출이 있으면 어획량이 늘고 매매가 순조로워진다. 돌출을 설치할 때는 동남쪽은 건물 길이의 1/3 정도, 서쪽은 1/2 정도로 만들어야 한다. 만일 돌출을 설치할 수 없으면 거실 · 접대실 · 침실 · 아이공부방 · 서재 등으로 쓰는 것이 좋다.

물고기를 담아놓는 수조는 귀문방인 북동쪽과 남서쪽에는 절대로 두지 말아야 하고, 서쪽과 북쪽, 그리고 건물의 중심도 좋지 않다. 수조는 집의 동남쪽에 설치하는 것이 좋다.

24. 화원은 쓰레기 처리가 중요하다.

화원·분재·원예 등의 업종은 동쪽·동남쪽·북쪽이 가장 중요하다. 이 곳은 항상 청결하게 하면서 상쾌한 공기가 흐르도록 하고, 상품을 깔끔하게 진열하면 좋다. 가지치기나 낙엽 등으로 쓰레기가 많이 나오므로 쓰레기 처리가 중요하고, 대량의 물이 필요하므로 배수구 처리도 매우 중요하다. 쓰레기시설이나 배수구가 점포의 중심에서 보아 동쪽·동남쪽·북쪽에 있으면 흉하다. 출입구가 건물의 동쪽·동남쪽·남쪽으로 있으면 좋으나 정중선과 사우선은 피해야 한다. 가게터는 사람이 많이 왕래하는 곳, 유락시설이 있는 곳, 상업지역, 결혼식장이나 장의사 등이 많은 곳이 좋다.

25. 병원은 북쪽과 동쪽이 중요하다.

병원은 생명을 다루는 공간이므로 방위를 잘 정해야 한다. 병원·의원·진료소는 북쪽과 동쪽이 가장 중요하다. 이 방위에 돌출이 있으면 좋으나 화장실·오물·화기·싱크대·정화조 등이 있으면 좋지 않다. 정문은 동쪽·동남쪽·남쪽에 있는 것이 좋고, 북쪽도 무난하다. 그러나 귀문방인 북동쪽과 남서쪽에 있으면 처방에 착오가 생기거나 오진이나 수술실패 등이 따른다. 특히 대형병원은 북동쪽에 정문이 있으면 수술을 실패하는 경우가 많다.

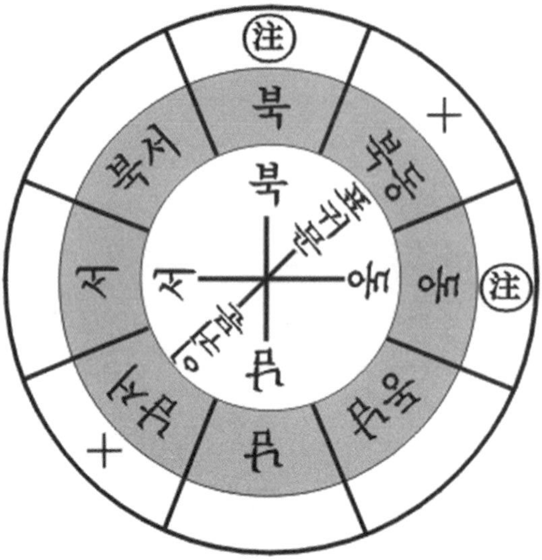

병원의 길흉 방위

의사의 집도 북쪽과 동쪽이 중요하므로 이 방위에 화장실·화기·정화조·오물·욕실·싱크대 등을 두면 안 된다. 대문이 의사의 띠와 같은 방향에 있으면 불길하고, 귀문방인 북동쪽과 남서쪽이 함몰되어 있어도 위험하다.

26. 요양원의 사무실은 북쪽이나 북서쪽에 있는 것이 좋다.

환자들이 기거하는 요양원은 대지에서 보아 북쪽과 북서쪽에 있는 것이 가장 좋고, 그 다음은 동쪽·동남쪽·남쪽이 좋다. 이 방위에 정문이 있으면 좋으나 정중선과 사우선은 피해야 한다. 북서쪽도 무난하나 귀문방인 북동쪽과 남서쪽은 흉하다.

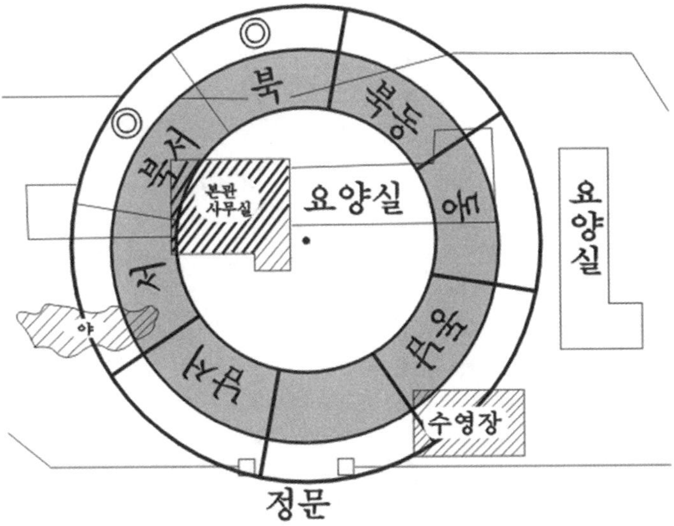

요양원의 배치 방법

본관의 사무실 위치는 대지에서 보아 북쪽이나 북서쪽 모두 좋다. 그러나 북쪽·북동쪽·남서쪽에 연못·수영장·화장실이 있으면 흉하다. 만약 전체가 모여서 식사하는 곳이라면 식당의 중심에서 보아 북쪽이나 중앙에 화기와 싱크대가 있으면 좋지 않다.

27. 교육자의 집은 함몰된 곳이 없어야 한다.

유치원·학원·학교의 교사나 교수 등의 교육자는 집이 중요하다. 교육시설을 관리하거나 경영하는 사람의 집에는 남쪽과 북서쪽이나 동쪽과 북서쪽 두 곳에 돌출이 있으면 길하다. 한 곳에만 돌출을 설치하려면 동쪽·남쪽·북서쪽이 좋다. 그리고 북쪽과 남쪽에

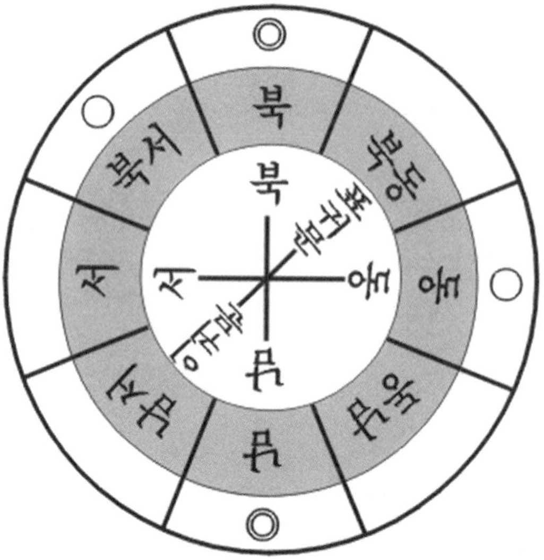

교육자의 좋은 방위

는 화장실 · 욕실 · 싱크대 · 정화조 · 쓰레기시설 등의 불결한 것을 두면 안 되고, 북쪽에 화기를 놓아도 흉하다.

초 · 중 · 고 교사의 집은 북쪽 · 동쪽 · 남쪽이 중요한데 이 방위에 함몰이 있으면 흉하다. 동쪽과 남쪽에는 돌출이 있으면 좋고, 북쪽과 남쪽에는 화장실이나 싱크대와 같은 불결한 것이 있으면 좋지 않다. 집주인의 띠와 같은 방위에 정문이 있는 것도 흉하다.

28. 연예인은 집의 영향을 많이 받는다.

연예인은 집이 가장 중요하다. 가수는 동쪽과 남서쪽이 중요한데 동쪽에 돌출을 설치하고 자신의 거실이나 침실로 사용하면 좋다.

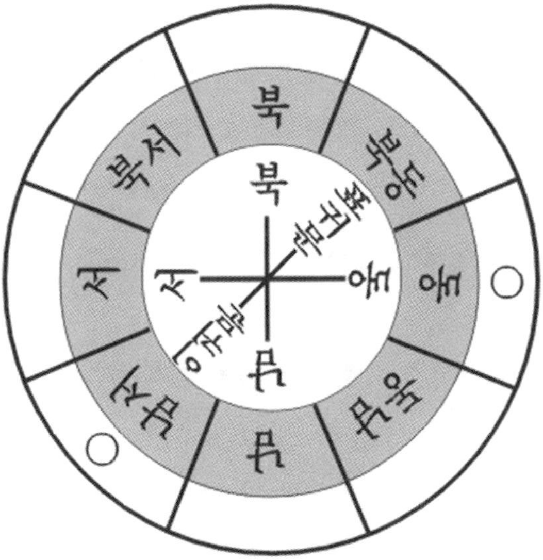

가수의 좋은 방위

연예인의 좋은 방위

배우나 탤런트 등의 연기자는 남쪽과 남서쪽이 중요한데 남쪽에 돌출을 설치하면 좋고, 남쪽과 남서쪽에 있는 방을 사용하면 좋다. 동쪽이나 남쪽에 정문이 있으면 좋고, 사무실이나 접객실이 있어도 좋다. 그러나 동쪽·남쪽·남서쪽에는 쓰레기시설·싱크대·화장실·화기·정화조 등을 두지 않는 것이 좋다.

29. 화도가와 다도가의 집은 동남쪽과 북서쪽이 중요하다.

화도가(花道家)의 집은 동쪽·동남쪽·남쪽이 중요하다. 이 중 한 곳에 돌출이 있고 청결하게 하면 발전한다. 그러나 북쪽·북동쪽·남서쪽·서쪽에 정문이 있으면 좋은 학생이 오지 않는 등 매우 흉하다.

다도가(茶道家)의 집은 북쪽이 가장 중요하고, 그 다음은 동남쪽과 북서쪽이 중요하다. 북쪽에는 절대로 화장실·정화조·욕실·싱크대·쓰레기시설 등을 두면 안 된다. 연습실은 동남쪽·북서쪽·북쪽에 배치하는 것이 좋고, 북쪽은 항상 청결하게 해야 한다. 동남쪽과 북서쪽에는 돌출이 있고, 동쪽·동남쪽·남쪽에는 정문이 있으면 좋다. 다실에서 사용하는 그릇이나 화기는 건물의 중심에 두지 않아야 하고, 귀문방인 북동쪽과 남서쪽도 피해야 하며, 정중선과 사우선을 피해야 한다.

30. 영화업은 동쪽이나 남쪽이 함몰되면 안 된다.

영화 제작사는 동쪽·남쪽·남서쪽이 가장 중요하다. 이 곳에 돌출이 있고 항상 청결하게 관리하면 성공할 수 있다. 여기에 오물·싱크대·화장실·정화조 등이 있으면 흉하고, 함몰되어 있어도 흉하다. 정문은 동쪽·동남쪽·남쪽에 있으면 길하다. 경영자의 집은 동쪽·동남쪽·남쪽이 중요하다. 이 곳에 돌출이 있으면 좋으나 삼각형 모양의 방을 쓰면 흉하다.

영화 기획사와 광고사는 동쪽·북서쪽·북쪽이 중요하므로 이 곳이 함몰되거나 불결한 것이 있으면 좋지 않다. 북쪽에는 화장실·주방·싱크대·화기를 설치하면 안 되고, 화기는 동쪽·동남쪽·남쪽에 놓는 것이 가장 안전하다. 사장과 경리의 책상은 북서쪽에 놓는 것이 가장 좋고, 기획자의 책상을 북쪽이나 동쪽에 놓으면 아이디어가 떠오르지 않는다.

경영자의 집도 동쪽·북서쪽·북쪽이 중요하므로 이 두 곳에 돌출이 있으면 좋다. 이 방위에는 불결한 것을 두지 말고 접객실이나 침실로 쓰면 좋다. 특히 북쪽에는 화장실·싱크대·화기가 있으면 안 된다. 출입구는 동쪽·동남쪽·남쪽에 있으면 좋으나 경영자의 띠와 같은 방향에 있으면 흉하다.

31. 운동선수의 집은 동남쪽이나 북서쪽이 함몰되면 나쁘다.

운동선수도 집이 매우 중요하다. 동남쪽이나 북서쪽에 정문이 있으면 좋으나 함몰되어 있거나 불결한 것이 있으면 흉하다. 이 방위에는 절대로 화장실·정화조·욕실·쓰레기시설 등을 두지 말고 자신의 서재나 침실이나 거실을 배치하면 좋다. 그리고 이 방위에

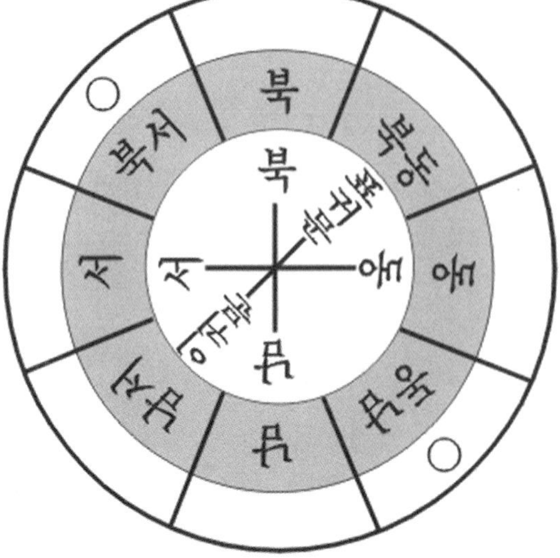

운동선수의 좋은 방위

돌출이 있으면 건강이 좋아진다. 대문의 위치는 동쪽·동남쪽·남쪽이 좋으나 정중선과 사우선은 피해야 한다.

32. 광고업은 동쪽과 북쪽이 중요하다.

광고와 관계있는 업종은 모두 동쪽과 북쪽이 중요하다. 사무실과 공장의 동쪽이나 북쪽에는 절대로 화장실·쓰레기시설·화기·싱크대·정화조 등을 설치하지 말고 항상 청결하게 해야 한다. 동쪽과 북쪽에 돌출이 있으면 좋다. 경영자의 책상은 사무실이나 건물의 중심에서 보아 동쪽·북쪽·북서쪽에 놓는 것이 좋다.

소규모의 광고회사는 화기·싱크대·쓰레기시설을 동쪽·동남쪽 · 북서쪽에 두면 안 되고, 화기는 남쪽에 두는 것이 가장 안전하다. 가장 중요한 것은 귀문방인 북동쪽과 남서쪽을 피하는 것이다.

경영자의 집도 동쪽과 북쪽이 중요하므로 불결한 것을 두지 말고 침실로 사용하는 것이 좋다. 그리고 이 방위에 계단이나 엘리베이터, 함몰이 있으면 대흉하다. 정문은 북쪽 · 북동쪽 · 남서쪽 · 서쪽에 있면 흉하고, 주인의 띠와 같은 방위에 있는 것도 불길하다.

33. 교통 · 운수 · 관광회사는 서쪽이나 남서쪽에 정문이 있으면 안 된다.

교통 · 운수 · 관광회사 등의 업종은 서쪽과 남서쪽이 가장 중요하다. 서쪽 · 남서쪽 · 북쪽에 화장실 · 정화조 · 싱크대 · 화기가 있으면 흉하고, 출입구가 있어도 사고위험이 높다. 정문은 동쪽 · 동남쪽 · 남쪽 어디에 있어도 좋다. 돌출이 동남쪽에 있으면 좋고, 서쪽과 남서쪽에 있어도 안전하게 성장한다.

경영자의 집은 북쪽 · 북동쪽 · 남서쪽에 대문이 있으면 흉하고, 북쪽이나 서쪽에 화장실 · 정화조 · 욕실 · 싱크대 · 정문 · 화기 등이 있어도 흉하다. 이 방위에는 자신이 사용하는 거실 · 서재 · 침실을 배치하고 항상 청결하게 하면 좋고, 동남쪽에 돌출이 있으면 좋다.

제Ⅱ부.

구성법(九星法)

구성법(九星法)

자신에게 맞는 업종을 선택하고, 점포를 구하고, 잘 되는 점포로 꾸미려면 구성법(九星法)을 알아야 한다. 구성법(九星法)이란 자신의 자백(紫白)을 알고 활용하는 것이다.

1. 구성(九星) 활용하는 방법

구성(九星)이란 일백(一白)·이흑(二黑)·삼벽(三碧)·사록(四綠)·오황(五黃)·육백(六白)·칠적(七赤)·팔백(八白)·구자(九紫)를 말한다. 이 구성(九星)은 한 해에 한 자리, 한 달에 한 자리, 하루에 한 자리, 한 시간에 한 자리씩 옮겨 년(年)의 간지(干支), 월(月)의 간지(干支), 일(日)의 간지(干支), 시(時)의 간지(干支), 즉 년월일시가 각각 육십갑자(六十甲子)가 순환하는 것처럼 구성(九星)도 년월일시가 각각 순환한다.

그런데 육십갑자(六十甲子)는 음양둔(陰陽遁)의 구분없이 언제나 순행하나, 구성(九星)은 반드시 음양둔(陰陽遁)의 원칙이 적용된다. 양둔(陽遁 : 冬至後)은 1·2·3·4·5·6·7·8·9로 순행하고, 음둔(陰遁 : 夏至後)은 9·8·7·6·5·4·3·2·1로 역행한다.

년구성(年九星 : 年白), 월구성(月九星 : 月白), 일구성(日九星 :

一白), 시구성(時九星 : 時白)을 정하는 원칙이 있으나 여기서는 생략하고 편하게 활용하기 위해 조견표로 나타냈다.

예를 들어 2008년 음력 4월 16일 신(申)시생이라면 동지(冬至) 후 하지(夏至) 전에 태어났으니 양둔(陽遁)이다. 그리고 2008년생은 1984(甲子)년 이후 2043(癸亥)년 전에 해당하니 하원갑(下元甲)의 양둔(陽遁)이다. 따라서 이 사람의 사주는 다음과 같다.

■ 무자(戊子)년 정사(丁巳)월 경신(庚申)일 갑신(甲申)시

년구성(年九星 : 年白)은 일백수성(一白水星)

월구성(月九星 : 月白)은 오황토성(五黃土星)

일구성(日九星 : 一白)은 육백금성(六白金星)

*동지(冬至) 전후에 가까운 갑자(甲子)일에서 3번째 갑자(甲子)일 후에 해당하는 하원(下元)이다.

시구성(時九星 : 時白)은 육백금성(六白金星)

*경신(庚申)일 갑신(甲申)시의 양둔(陽遁)에 해당한다.

또 한 예로 2007년 음력 9월 10일 오(午)시생이라면 하지(夏至) 후 동지(冬至) 전에 태어났으니 음둔(陰遁)이다. 역시 하원갑(下元甲: 1984~2023년)이다. 따라서 이 사람의 사주는 다음과 같다.

■ 정해(丁亥)년 경술(庚戌)월 정해(丁亥)일 병오(丙午)시

년구성(年九星 : 年白)은 이흑토성(二黑土星)

월구성(月九星 : 月白)은 삼벽목성(三碧木星)

일구성(日九星 : 一白)은 사록목성(四綠木星)

*하지(夏至) 전후에 가까운 갑자(甲子)일에서 2번째 갑자(甲子)일 후의 음둔중원(陰遁中元).이다.

시구성(時九星 : 時白)은 육백금성(六白金星)

*정해(丁亥)일 병오(丙午)시의 음둔(陰遁)에 해당한다.

九紫 (巽木)	五黃 (離火)	七赤 (坤土)
八白 (震木)	一白 (中宮)	三碧 (兌金)
四綠 (艮土)	六白 (坎水)	二黑 (乾金)

■ 정해(丁亥)일 병오(丙午)시 음둔(陰遁)

예를 들어 년구성(年九星)이 일백수성(一白水星)이면 옆의 표와 같이 일백(一白)이 중궁(中宮), 이흑(二黑)이 건금궁(乾金宮), 삼벽(三碧)이 태금궁(兌金宮), 사록(四綠)이 간토궁(艮土宮), 오황(五黃)이 리화궁(離火宮), 육백(六白)이 감수궁(坎水宮), 칠적(七赤)이 곤토궁(坤土宮), 팔백(八白)이 진목궁(震木宮), 구자(九紫)가 손목궁(巽木宮)에 위치한다.

년구성(年九星 : 年白) 조견표

년(태세) / 삼원	甲子 癸酉 壬午 辛卯 庚子 己酉 戊午	乙丑 甲戌 癸未 壬辰 辛丑 庚戌 己未	丙寅 乙亥 甲申 癸巳 壬寅 辛亥 庚申	丁卯 丙子 乙酉 甲午 癸卯 壬子 辛酉	戊辰 丁丑 丙戌 乙未 甲辰 癸丑 壬戌	己巳 戊寅 丁亥 丙申 乙巳 甲寅 癸亥	庚午 己卯 戊子 丁酉 丙午 乙卯	辛未 庚辰 己丑 戊戌 丁未 丙辰	壬申 辛巳 庚寅 己亥 戊申 丁巳
上元 (1864~1923)	一白	九紫	八白	七赤	六白	五黃	四綠	三碧	二黑
中元 (1924~1983)	四綠	三碧	二黑	一白	九紫	八白	七赤	八白	五黃
下元 (1984~2044)	七赤	六白	五黃	四綠	三碧	二黑	一白	九紫	八白

월구성(月九星 : 月白) 조견표

年 \ 月	정월	2월	3월	4월	5월	6월	7월	8월	9월	10월	11월	12월
子午卯酉	八白	七赤	六白	五黃	四綠	三碧	二黑	一白	九紫	八白	七赤	六白
辰戌丑未	五黃	四綠	三碧	二黑	一白	九紫	八白	七赤	六白	五黃	四綠	三碧
寅申巳亥	二黑	一白	九紫	八白	七赤	六白	五黃	四綠	三碧	五黃	四綠	三碧

예를 들어 子午卯酉년이란 甲子・丙子・戊子・庚子・壬子년과 甲午・丙午・戊午・庚午・壬午년과 丁卯・辛卯・己卯・乙卯년과 癸酉・乙酉・丁酉・己酉・辛酉년을 말한다.

일구성(日九星 : 日白) 조견표

陰陽遁	三元 \ 日辰	甲子 癸酉 壬午 辛卯 庚子 己酉 戊午	乙丑 甲戌 癸未 壬辰 辛丑 庚戌 己未	丙寅 乙亥 甲申 癸巳 壬寅 辛亥 庚申	丁卯 丙子 乙酉 甲午 癸卯 壬子 辛酉	戊辰 丁丑 丙戌 乙未 甲辰 癸丑 壬戌	己巳 戊寅 丁亥 丙申 乙巳 甲寅 癸亥	庚午 己卯 戊子 丁酉 丙午 乙卯	辛未 庚辰 己丑 戊戌 丁未 丙辰	壬申 辛巳 庚寅 己亥 戊申 丁巳
陽遁 (冬至後)	上元 (冬至 가까운 甲子)	一白	二黑	三碧	四綠	五黃	六白	七赤	八白	九紫
	中元 (2번째 甲子)	七赤	八白	九紫	一白	二黑	三碧	四綠	五黃	六白
	下元 (3번째 甲子)	四綠	五黃	六白	七赤	八白	九紫	一白	二黑	三碧
陰遁 (夏至後)	上元 (夏至 가까운 甲子)	九紫	八白	七赤	六白	五黃	四綠	三碧	二黑	一白
	中元 (2번째 甲子)	三碧	二黑	一白	九紫	八白	七赤	六白	五黃	四綠
	下元 (3번째 甲子)	六白	五黃	四綠	三碧	二黑	一白	九紫	八白	七赤

시구성(時九星 : 時白) 조견표

日辰 / 陰陽遁 / 時間	甲子 乙丑 丙寅 丁卯 戊辰 己卯 庚辰 辛巳 壬午 癸未	甲午 乙未 丙申 丁酉 戊戌 己酉 庚戌 辛亥 壬子 癸丑	己巳 庚午 辛未 壬申 癸酉 甲申 乙酉 丙戌 丁亥 戊子	己亥 庚子 辛丑 壬寅 癸卯 甲寅 乙卯 丙辰 丁巳 戊午	甲戌 乙亥 丙子 丁丑 戊寅 己丑 庚寅 辛卯 壬辰 癸巳	甲辰 乙巳 丙午 丁未 戊申 己未 庚申 辛酉 壬戌 癸亥
	陽遁	陰遁	陽遁	陰遁	陽遁	陰遁
甲子 癸酉 壬午 辛卯 庚子 己酉 戊午	一白	九紫	七赤	三碧	四綠	六白
乙丑 甲戌 癸未 壬辰 辛丑 庚戌 己未	二黑	八白	八白	二黑	五黃	五黃
丙寅 乙亥 甲申 癸巳 壬寅 辛亥 庚申	三碧	七赤	九紫	一白	六白	四綠
丁卯 丙子 乙酉 甲午 癸卯 壬子 辛酉	四綠	六白	一白	九紫	七赤	三碧
戊辰 丁丑 丙戌 乙未 甲辰 癸丑 壬戌	五黃	五黃	二黑	八白	八白	二黑
己巳 戊寅 丁亥 丙申 乙巳 甲寅 癸亥	六白	四綠	三碧	七赤	九紫	一白
庚午 己卯 戊子 丁酉 丙午 乙卯	七赤	三碧	四綠	六白	一白	五黃
辛未 庚辰 己丑 戊戌 丁未 丙辰	八白	二黑	五黃	五黃	二黑	四綠
壬申 辛巳 庚寅 己亥 戊申 丁巳	九紫	一白	六白	四綠	三碧	五黃

陽遁은 冬至에서 가장 가까운 甲子일 후, 陰遁은 夏至에서 가장 가까운 甲子일 후

구성입중도(九星入中圖)

九紫	五黃	七赤
八白	一白	三碧
四綠	六白	二黑

一白	六白	八白
九紫	二黑	四綠
五黃	七赤	三碧

二黑	七赤	九紫
一白	三碧	五黃
六白	八白	四綠

三碧	八白	一白
二黑	四綠	六白
七赤	九紫	五黃

四綠	九紫	二黑
三碧	五黃	七赤
八白	一白	六白

五黃	一白	三碧
四綠	六白	八白
九紫	二黑	七赤

六白	二黑	四綠
五黃	七赤	九紫
一白	三碧	八白

七赤	三碧	五黃
六白	八白	一白
二黑	四綠	九紫

八白	四綠	六白
七赤	九紫	二黑
三碧	五黃	一白

십이신살(十二神殺) 조견표

	劫殺	災殺	天殺	地殺	年殺	月殺	亡身	將星	攀鞍	驛馬	六害	華蓋
子	巳	午	未	申	酉	戌	亥	子	丑	寅	卯	辰
丑	寅	卯	辰	巳	午	未	申	酉	戌	亥	子	丑
寅	亥	子	丑	寅	卯	辰	巳	午	未	申	酉	戌
卯	申	酉	戌	亥	子	丑	寅	卯	辰	巳	午	未
辰	巳	午	未	申	酉	戌	亥	子	丑	寅	卯	辰
巳	寅	卯	辰	巳	午	未	申	酉	戌	亥	子	丑
午	亥	子	丑	寅	卯	辰	巳	午	未	申	酉	戌
未	申	酉	戌	亥	子	丑	寅	卯	辰	巳	午	未
申	巳	午	未	申	酉	戌	亥	子	丑	寅	卯	辰
酉	寅	卯	辰	巳	午	未	申	酉	戌	亥	子	丑
戌	亥	子	丑	寅	卯	辰	巳	午	未	申	酉	戌
亥	申	酉	戌	亥	子	丑	寅	卯	辰	巳	午	未

형충파해원진(刑冲破害怨辰) 조견표

	子	丑	寅	卯	辰	巳	午	未	申	酉	戌	亥
子	-	合土	-	刑	半會	-	沖	害怨	半會	破	-	-
丑	合土	-	-	-	破	-	害怨	沖	-	半會	刑	-
寅	-	-	-	-	-	刑害	半會	-	沖	怨	-	合木 破
卯	刑	-	-	-	害	-	破	半會	怨	沖	合火	半會
辰	半會	破	-	害	自刑	-	-	-	-	合金	沖	怨
巳	-	-	-	刑害	-	-	-	-	合水 刑破	半會	怨	沖
午	沖	害怨	半會	破	-	-	自刑	合	-	-	半會	-
未	害怨	沖	-	半會	-	-	合	-	-	-	刑破	-
申	半會	-	沖	怨	-	合水 刑破	-	-	-	-	-	害
酉	破	半會	怨	沖	合金	半會	-	-	-	自刑	害	-
戌	-	刑	-	合火	沖	怨	半會	-	-	害	-	-
亥	-	-	合木 破	半會	怨	沖	-	-	害	-	-	自刑

干合	干沖	三合	方合
甲＋己＝合土	甲＋庚＝沖	巳酉丑＝金局	寅卯辰＝東方木
乙＋庚＝合金	乙＋辛＝沖	申子辰＝水局	巳午未＝南方火
丙＋辛＝合水	丙＋壬＝沖	亥卯未＝木局	申酉戌＝西方金
丁＋壬＝合木	丁＋癸＝沖	寅午戌＝火局	亥子丑＝北方水
戊＋癸＝合火			

2. 명운(命運) 관계 판단하는 방법

1. 오황토성(五黃土星)의 명운

■ 일백수성(一白水星)과의 관계(陽男, 陽女)

나쁜 점이 전혀 없는 좋은 만남이다. 그러나 공동의 명확한 목표가 있어야 서로 격려하며 능력을 발휘할 수 있다. 만약 한 쪽이 그릇되면 상대를 이끌어 함께 타락에 빠지니 조심해야 한다.

■ 일백수성(一白水星)과의 관계(陰女, 陰男)

이 만남은 당신이 마음껏 능력을 발휘할 있도록 상대가 이끌어 주니 고집을 부리지 말고 정중하게 부탁해야 한다. 만약 무리하게 자신의 생각대로 처리하면 자포자기하는 결과가 된다.

■ 이흑토성(二黑土星)과의 관계(陽男, 陽女)

이 만남은 서로 이익을 주고, 함께 노력하며 따뜻한 감동을 주니 매우 좋다. 그러나 처음부터 정신없이 사랑에 빠지면 안 된다. 반드시 이성적이며 현명하게 분석해야 방향을 잃거나 불리해지는 것을 막을 수 있다. 한 쪽으로 치우쳐 부화뇌동하면 안 된다.

■ 이흑토성(二黑土星)과의 관계(陰女, 陰男)

이 만남은 처음에는 서먹서먹하나 겸허하며 온화하게 대하면 상대의 정열을 깨울 수 있다. 반드시 좋은 응답을 받을 수 있다.

■ 삼벽목성(三碧木星)과의 관계(陽男, 陽女)

이 만남은 상대가 적극적이며 시원시원하고 절제력이 강하며 큰 사람이어야 당신에게 도움이 된다. 그렇지 않으면 가위에 눌린 것처럼 잠을 이룰 수 없을 것이다. 따라서 사귀기 전에 시간을 두고 상대를 검증해 보는 것이 좋다. 그렇다고 선입관에 사로잡혀도 안 되고, 순간을 영원으로 생각하는 것도 위험하다.

■ 삼벽목성(三碧木星)과의 관계(陰女, 陰男)

아주 좋은 만남이다. 그러나 먼저 함께 소임을 달성하지 않으면 서로 무시할 수 있다. 당신은 그를 할 일 없는 부잣집 아들이며 경망스럽다고 생각할 것이고, 그는 당신을 고루하며 수구적이고 세상 물정 모른다고 싫어할 것이다. 만약 이미 사귀기 시작했다면 서로 겸손하게 대하며 군자의 품위를 지켜야 한다. 지나치게 교만하거나 자만하여 자신의 처지를 잊으면 안 되니 자신의 기준을 세우고 행동하라.

■ 사록목성(四綠木星)과의 관계(陽男, 陽女)

상대가 당신의 마음을 알아보려고 기교를 부릴 것이다. 만일 당신이 단정하지 않거나 점잖지 않으면 하찮게 여길 것이다. 진실되게 대하여 좋은 사이가 되면 좋은 방향으로 나갈 수 있다.

■ 사록목성(四綠木星)과의 관계(陰女, 陰男)

이 만남은 처음에는 가볍게 사귀다가 친해진다. 그러나 사귄지 얼마 안돼 다정한 감정에 빠지지 말아야 한다. 서로 의심하며 망설이는 성격 때문에 충돌을 초래할 수 있다.

■ 오황토성(五黃土星)과의 관계(陽男, 陽女)

이 만남은 서로 이익을 주고, 함께 노력하며 따뜻한 감동을 느끼니 아주 좋다. 그러나 처음부터 정신없이 사랑에 빠지면 안 된다. 반드시 이성적이며 현명하게 분석해야 방향을 잃거나 불리해지는 것을 막을 수 있다. 한 쪽으로 치우쳐 부화뇌동하면 안 된다.

■ 오황토성(五黃土星)과의 관계(陰女, 陰男)

이 만남은 상대를 잘 알지 못한다면 관계를 정리하는 것이 좋다. 작은 원한도 반드시 보복하는 소인배이니 겉모습에 속으면 상처와 위기를 당할 수 있다.

■ 육백금성(六白金星)과의 관계(陽男, 陽女)

상대가 강하며 엄숙해 보이는 것을 상관하지 말라. 속으로는 활발하며 호쾌한 사람이다. 의사소통이 잘 되도록 노력하면서 가는 것보다 오는 것이 적은 것을 따지지 않으면 좋은 만남이 될 수 있다.

■ 육백금성(六白金星)과의 관계(陰女, 陰男)

이 만남은 마음의 응어리가 문제다. 불편한 것이 있으면 표현하면서 이해하면 매우 좋은 관계가 될 수 있다.

■ **칠적금성(七赤金星)과의 관계(陽男, 陽女)**

이 만남은 순수하게 사귀면 아주 좋은 조화를 이룰 수 있다. 만약 상대의 그릇된 생각과 행동을 받아들이지 못하면서 충고하거나 저지할 능력도 없으면 어려워도 관계를 정리하는 것이 가장 좋다.

■ **칠적금성(七赤金星)과의 관계(陰女, 陰男)**

이 만남은 사심없이 순수하게 충고를 해주거나 이로운 벗일 뿐이다. 업무나 동업관계로는 적절하지 않다.

■ **팔백토성(八白土星)과의 관계(陽男, 陽女)**

이 만남은 서로 이익을 주고, 함께 노력하며 따뜻한 감동을 느끼니 아주 좋다. 그러나 처음부터 정신없이 사랑에 빠지면 안 된다. 반드시 이성적이며 현명하게 분석해야 방향을 잃거나 불리해지는 것을 막을 수 있다. 한 쪽으로 치우쳐 부화뇌동하면 안 된다.

■ **팔백토성(八白土星)과의 관계(陰女, 陰男)**

이 만남은 성격이 비슷하며 잘 이해하는 좋은 조합이다. 그러나 외부의 이간질에 동요되어 반목할 염려가 있다. 따라서 서로 신뢰하면서 모든 일을 정확하게 파악하고 사리에 밝게 행동하는 것이 중요하다.

■ **구자화성(九紫火星)과의 관계(陽男, 陽女)**

이 만남은 상대의 배려를 받을 수 있는 좋은 조합이니 실력을 쌓아 인정받도록 노력해야 한다. 그러면 상대는 당신을 위해 전심전력하나 그렇지 않으면 무정하게 대할 것이다.

■ 구자화성(九紫火星)과의 관계(陰女, 陰男)

이 만남은 불편해도 자신의 기분을 지나치게 드러내면 안 된다. 그러면 상대의 마음을 상하게 만들어 진정으로 보살펴 주는 사람을 잃을 수 있다. 그리고 상대를 계속 재촉하면 갈피를 못 잡고 혼란스러움을 느껴 일을 잘 하지 못하게 된다. 이런 사람을 대할 때는 급할수록 천천히 하는 장점을 살리도록 노력하라.

2. 육백금성(六白金星)의 명운

■ 일백수성(一白水星)과의 관계

이 만남은 서로의 장점은 살려주고 단점은 보완해 주니 좋은 조합이다. 그러나 약간 비협조적인 부분도 있으니 서로 잘 조절해서 속도를 맞추어야 한다. 육백금성(六白金星)의 횡포와 경솔함과 일백수성(一白水星)의 결벽과 방탕은 모두 바로 잡아야 할 문제다. 믿음을 갖고 하나하나 극복하다 보면 아침에는 진나라를 섬기고 저녁에는 초나라를 섬기는 격으로 줏대없이 이쪽 저쪽에 빌붙는 결말은 오지 않을 것이다.

■ 이흑토성(二黑土星)과의 관계

이 만남은 서로 양보하면서 존중하고, 거만하거나 비굴하지 않게 행동하면 의기투합하여 좋은 동반자가 될 것이다. 서로 상대가 이로우면 나도 이롭다는 마음으로 사심과 원망없이 지낼 수 있다. 사람의 관계이니 당연히 마찰이 있을 수 있으나 상대의 좋은 점을 생각하라. 그러면 칭찬할 일은 많아지고 책망은 줄어들 것이다.

■ 삼벽목성(三碧木星)과의 관계

이 만남은 서로 도리와 예의를 지켜야 한다. 그렇지 않으면 끊임없이 충돌과 분쟁이 일어날 것이다. 자신을 과시하거나 상대를 압도하면 안 된다. 물이 불면 배가 높아지듯이 내가 배이면 상대는 물이라고 생각하면서 서로 돕는 마음으로 진실되게 대하면 반드시 화기애애한 조합이 될 것이다.

■ 사록목성(四綠木星)과의 관계

이 만남은 서로 자신의 재능을 높이는데 노력해야 한다. 비록 두 사람이 서로에게 끌리는 매력이 있어도 서로 융합해야 한다. 그러나 낙담할 필요는 없다. 두 사람에게 진심과 연분이 있으면 잘 맞는 방향으로 나갈 것이다. 만약 감정의 교류와 상대에 대한 인식이 없으면 마음을 허비하지 말고 담담한 친구관계를 유지하라. 상대를 변화시키려고 하지 않아야 심한 방해를 막을 수 있다.

■ 오황토성(五黃土星)과의 관계(陽男, 陽女)

이 만남은 서로 양보하면서 존중하고, 거만하거나 비굴하지 않게 행동하면 의기투합하여 좋은 동반자가 될 것이다. 서로 상대가 이로우면 나도 이롭다는 마음으로 사심과 원망없이 지낼 수 있다. 사람의 관계이니 당연히 마찰이 있을 수 있으나 상대의 좋은 점을 생각하라. 그러면 칭찬할 일은 많아지고 책망은 줄어들 것이다.

■ 오황토성(五黃土星)과의 관계(陰女, 陰男)

이 조합은 서로 솔직하며 성실해야 진정한 만남이 이루어질 수 있다. 그렇지 않으면 육백(六白)의 자만과 팔백(八白)의 애수에 잠겨 끊임없이 다투며 공격할 것이다. 정도를 지키며 거리를 유지하는 것이 좋다. 만약 마음으로 만난다면 반드시 함께 복을 누리고, 함께 문제를 극복하는 좋은 친구가 될 것이다. 그리고 두 사람은 학식을 쌓는데 노력해야 한다.

■ 육백금성(六白金星)과의 관계

두 사람은 성격이 비슷하며 서로 이해하고 아낄 줄 안다. 만약 상대가 당신의 건의를 받아들이지 않는다면 좋은 상황일 때 헤어지자고 말하는 것이 좋다. 그리고 상대에게 보증하는 일은 하지 않는 것이 좋다.

■ 칠적금성(七赤金星)과의 관계

이 만남은 사귀기 전에 반드시 상대를 잘 알아보는 것이 좋다. 일 문제나 옳고 그름은 명확하게 말하는 것이 좋다. 먼저 자신의 기초를 공고하게 한 다음 상대방이 의기투합하는가를 알아야 끊임없는 분규를 막을 수 있다. 그리고 은혜를 베풀 때는 받을 것을 바라지 말라. 만일 상대에게 문제가 있으면 그 자리에서 질책하지 말고 적당한 시기를 기다렸다가 말해야 한다. 더 주의할 것은 상대의 잘못을 직접 지적하지 말고 이익과 손해를 호소하는 것이 좋다. 다른 사람의 수염을 깎으려면 내 수염을 먼저 깨끗이 깎아야 한다는 말이 있다. 상대의 도움을 구하고 싶으면 당신도 똑같이 해야 한다. 인내하며 재삼 부탁하고, 상대를 하찮게 여기다 일을 허사로 만드는 일이 없도록 조심해야 한다.

■ 팔백토성(八白土星)과의 관계

이 조합은 서로 솔직하며 성실해야 진정한 만남이 이루어질 수 있다. 그렇지 않으면 육백(六白)의 자만과 팔백(八白)의 애수에 잠겨 끊임없이 다투며 공격할 것이다. 정도를 지키며 거리를 유지하는 것이 좋다. 만약 마음으로 만난다면 반드시 함께 복을 누리고, 함께 문제를 극복하는 좋은 친구가 될 것이다. 그리고 두 사람은 학식을 쌓는데 노력해야 한다.

■ 구자화성(九紫火星)과의 관계

상대가 겉으로 보기에는 멋진 풍모와 태도, 부드러운 풍격을 갖춘 것 같으나 교만하며 잘난체하고 매우 변덕스러운 사람이다. 당신도 원칙과 풍모, 재능을 갖추어 상대의 존경을 받는 위치에 있어야 혼자 희생하는 일이 없다. 화목하게 지내는 방법을 강구하며 자신의 결점을 고치고 상대의 장점을 표양하라.

3. 칠적금성(七赤金星)의 명운

■ 일백수성(一白水星)과의 관계

이 만남은 한 번 보고 기뻐하며 의기투합할 것이다. 그러나 경솔하게 행동해서 현실적이지 못하거나 겉치레뿐이라는 느낌을 주면 하찮은 사람이라고 생각할 수도 있다. 그렇다고 너무 공들여 대하면 순수함을 잃어버릴 수도 있다. 이 만남은 자연스러운 것이 가장 좋고, 협조하면서 함께 처리하는 것이 좋다.

■ 이흑토성(二黑土星)과의 관계

이 만남은 상대가 온유하며 내향적인 사람이나 자기 사람이라고 인정받아야 사랑과 보살핌을 받을 수 있다. 당신이 적극적으로 두 사람 사이에 다리를 만드는 것이 좋으나 반감을 사지 않도록 조심해야 한다. 그렇지 않으면 큰 반격을 받을 수 있어 위험하다. 만일 오해와 불만이 생기면 망설이지 말고 즉시 해결하는 것이 좋다.

■ 삼벽목성(三碧木星)과의 관계

이 만남은 먼저 상대의 특성과 주종관계를 파악해야 한다. 주도권을 잡으려고 하면 오히려 불화를 만들어 더 이상 관계가 유지될 수 없다.

■ 사록목성(四綠木星)과의 관계

상대가 당신의 일처리 능력과 사교력에 끌려 진정으로 대해줄 것이다. 그러나 이런 대접을 받으려면 유머감각이 있고 거짓이 없어야 한다. 당신이 진심으로 대하면 상대도 물로 술을 만들 수 있을 만큼의 지성으로 보답할 것이다.

■ 오황토성(五黃土星)과의 관계(陽男, 陽女)

이 만남은 상대가 온유하며 내향적인 사람이나 자기 사람이라고 인정받아야 사랑과 보살핌을 받을 수 있다. 당신이 적극적으로 두 사람 사이에 다리를 만드는 것이 좋으나 반감을 사지 않도록 조심해야 한다. 그렇지 않으면 큰 반격을 받을 수 있어 위험하다. 만일 오해와 불만이 생기면 망설이지 말고 즉시 해결하는 것이 좋다.

■ 오황토성(五黃土星)과의 관계(陰女, 陰男)

이 만남은 정감이 있는 조합이다. 상대를 이해하며 보답을 바라지 않고 기꺼이 베풀고, 희생하는 마음으로 일일이 따지지 않는다.

■ 육백금성(六白金星)과의 관계

두 사람의 성품이 모두 강직하여 온유한 태도로 대하지 않으면 함께 일을 하기 어렵다. 자신의 능력을 과시하지 않으며 상대를 존중하면서 공격하지 않고 미덕을 베풀면 아무리 난폭하고 억지를 부리는 사람이라도 예의를 갖추며 양보할 것이다.

■ 칠적금성(七赤金星)과의 관계

말이 통하며 선함을 추구하는 친구이나 듣기 좋은 말로 유혹하기도 하니 구분할 줄 알아야 한다. 만약 당신이 올바르지 않으면 후자일 것이니 정도를 지켜야 좋은 관계가 될 수 있다. 진실로 함께 하면 서로 협조할 수 있고, 그렇지 않으면 일을 방해하며 사방에 유언비어를 퍼트려 감당하기 어려워질 것이다.

■ 팔백토성(八白土星)과의 관계

이 만남은 정감이 있는 조합이다. 상대를 이해하며 보답을 바라지 않고 기꺼이 베풀고, 희생하는 마음으로 일일이 따지지 않는다.

■ 구자화성(九紫火星)과의 관계

이 만남은 상대가 좋고 싫음이 분명한 반면 잘 맞추는 원만함도 있으니 이익과 손해를 연구 검토해야 한다. 인식이 같기도 하고 다르기도 한 가운데 같은 것을 추구하고, 합하나 다른 부분도 있으니 매우 좋은 조합이다.

4. 팔백토성(八白土星)의 명운

■ 일백수성(一白水星)과의 관계

이 만남은 당신이 마음껏 능력을 발휘할 있도록 상대가 이끌어주니 고집을 부리지 말고 정중하게 부탁해야 한다. 만약 자신의 생각대로 무리하게 처리하면 자포자기하는 결과가 될 것이다.

■ 이흑토성(二黑土星)과의 관계

이 만남은 처음에는 서먹서먹하나 겸허하며 온화하게 대하면 상대의 정열을 깨울 수 있고, 반드시 좋은 응답을 받을 수 있다.

■ 삼벽목성(三碧木星)과의 관계

아주 좋은 만남이다. 그러나 먼저 함께 소임을 달성하지 않으면 서로 무시할 수 있다. 당신은 그를 할 일 없는 부잣집 아들이며 경망스럽다고 생각할 것이고, 그는 당신을 고루하며 수구적이고 세상물정 모른다고 싫어할 것이다. 만약 이미 사귀기 시작했다면 서로 겸손하게 대하며 군자의 품위를 지켜야 한다. 지나치게 교만하거나 자만하여 자신의 처지를 잊으면 안 되니 자신의 기준을 세우고 행동하라.

■ 사록목성(四綠木星)과의 관계

이 만남은 처음에는 가볍게 사귀다가 친해진다. 그러나 사귄지 얼마 안돼 다정한 감정에 빠지지 말아야 한다. 서로 의심하며 망설이는 성격 때문에 충돌을 초래할 수 있다.

■ 오황토성(五黃土星)과의 관계(陽男, 陽女)

이 만남은 상대를 잘 알지 못한다면 관계를 정리하는 것이 좋다. 작은 원한도 반드시 보복하는 소인배이니 겉모습에 속으면 상처와 위기를 당할 수 있다.

■ 오황토성(五黃土星)과의 관계(陰女, 陰男)

이 만남은 상대를 잘 알지 못한다면 관계를 정리하는 것이 좋다. 작은 원한도 반드시 보복하는 소인배이니 겉모습에 속으면 상처와 위기를 당할 수 있다.

■ 육백금성(六白金星)과의 관계

이 만남은 마음의 응어리가 문제다. 불편한 것이 있으면 표현하면서 이해하면 매우 좋은 관계가 될 수 있다.

■ 칠적금성(七赤金星)과의 관계

이 만남은 사심없이 순수하게 충고를 해주거나 이로운 벗일 뿐이니 업무나 동업관계로는 적절하지 않다.

■ 팔백토성(八白土星)과의 관계

이 만남은 성격이 비슷하며 잘 이해하는 좋은 조합이다. 그러나 외부의 이간질에 동요되어 반목할 염려가 있다. 따라서 서로 신뢰하면서 모든 일을 정확하게 파악하고 사리에 밝게 행동하는 것이 중요하다.

■ 구자화성(九紫火星)과의 관계

이 만남은 불편하더라도 자신의 기분을 지나치게 드러내면 안 된다. 그러면 상대의 마음을 상하게 만들어 진정으로 보살펴 주는 사람을 잃을 수 있다. 그리고 상대를 계속 재촉하면 갈피를 못 잡고 혼란스러움을 느껴 일을 잘 하지 못하게 된다. 이런 사람을 대할 때는 급할수록 천천히 하는 장점을 살리도록 노력하라.

5. 구자화성(九紫火星)의 명운

■ 일백수성(一白水星)과의 관계

이 만남은 자기 의견만 주장하면 경직된 시작을 하게 된다. 서로 상대방의 입장에서 고려해야만 원만한 관계를 유지할 수 있다.

■ 이흑토성(二黑土星)과의 관계

당신의 날카로운 관찰력과 열성이 오히려 상대에게 일방적으로 원하는 마음과 배려하기를 바라는 마음을 갖게 할 것이다. 그러나 지나치게 배려하면 피하게 할 수도 있다. 친근감을 느끼게 한 후 상대가 요구하게 만들어야 하고, 적당한 때 도움을 주어야 한다.

■ 삼벽목성(三碧木星)과의 관계

이 만남에서 가장 우려되는 것은 감정이다. 자제력이 부족하니 진정한 교류가 없으면 좋아하거나 증오하는 양극으로 치달을 수 있다. 당장의 즐거움에만 빠지지 말고 긴 계획을 세워야 한다.

■ 사록목성(四綠木星)과의 관계

이 만남은 각자 자신의 장단점을 정확하게 파악하고 적당한 시기에 재능을 펼쳐야 한다. 그리고 반드시 정해진 규범에 따르는 것이 좋고, 다른 사람의 말을 무시하면서 자기 주장만 내세우면 안 된다. 언론에 발표할 때는 구체적인 내용이 있어야 하고 끝까지 관철시켜야 한다. 상대는 우유부단하며 의심이 많은 성격이니 그가 선택하게 해야 한다.

■ 오황토성(五黃土星)과의 관계(陽男, 陽女)

당신의 날카로운 관찰력과 열성이 오히려 상대에게 일방적으로 원하는 마음과 배려하기를 바라는 마음을 갖게 할 것이다. 그러나 지나치게 배려하면 피하게 할 수도 있다. 친근함을 갖게 한 후 상대가 요구하게 만들어야 하고, 적당한 때 도움을 주어야 한다.

■ 오황토성(五黃土星)과의 관계(陰女, 陰男)

이 만남은 서로 좋아하며 격려하니 사업을 함께 하기 좋은 관계다. 각자 자신의 위치를 알고 맡은 바를 확실하게 인지해야 상대에게 신중하고 정확하게 건의를 할 수 있다. 고집이나 사리에 맞지 않는 억지를 부리면 안 된다.

■ 육백금성(六白金星)과의 관계

두 사람이 모두 마음이 맑고 행동이 굳세며, 깨끗하고 정직하며 덕성이 있고 소통할 줄 안다. 모험을 좋아하여 두려워하지 않고, 무쇠도 자를 수 있을 정도로 예리하다. 따라서 서로를 포용하며 합리적이며 예의에 맞게 대해야 한다.

■ 칠적금성(七赤金星)과의 관계

매우 흡입력 있는 만남으로 서로 좋아하다 부부가 된다. 그러나 불화의 요소가 있으니 극복해야 한다. 그렇지 않으면 결혼한 후 후회하는 일이 생긴다. 협의할 때는 동기가 순수해야 하며 책망하지 말고, 일을 정확하게 검토해야 서로 신뢰와 감동을 받을 수 있다.

■ 팔백토성(八白土星)과의 관계

이 만남은 서로 좋아하며 격려하니 사업을 함께 하기 좋은 관계다. 각자 자신의 위치를 알고 맡은 바를 확실하게 인지해야 상대에게 신중하고 정확하게 건의를 할 수 있다. 고집이나 사리에 맞지 않는 억지를 부리면 안 된다.

■ 구자화성(九紫火星)과의 관계

두 사람은 모두 예리하며 융통성이 있고 정열이 넘친다. 그러나 지나치게 신중하며 조급하고 민감하며' 인내력이 없다. 따라서 온유한 마음을 유지하도록 노력해야 한다. 일의 파트너나 부부, 친구관계를 막론하고 분수를 알고 자신의 일을 조용히 잘 한다면 반드시 좋은 관계가 될 것이다.

6. 일백수성(一白水星)의 명운

■ 일백수성(一白水星)과의 관계

이 만남은 사이가 아주 좋은 관계는 아니니 성실하게 원칙을 지켜야 오래 왕래할 수 있다. 상대방을 조종하며 지배하려는 마음을 버리고 이해하려고 노력해야 유익한 지식과 경험을 얻을 수 있다.

■ 이흑토성(二黑土星)과의 관계

이 만남은 의견충돌이 많아 이루어지기 어려운 관계다. 서로 신뢰하는 마음과 공동의 목표가 있어야 하고 의사소통이 가장 필요하다. 그렇지 않으면 수레채는 남쪽으로 향하는데 바퀴자국은 북쪽으로 나는 것처럼 두 마음이 영원히 근접할 수 없다.

■ 삼벽목성(三碧木星)과의 관계

매우 좋은 만남이다. 당신의 의혹을 풀어주는 귀인이니 상대에게 지나친 요구를 하면 안 된다. 좀더 친화력 있게 대하면 상대가 가까이 다가와서 당신을 위해 최선을 다 할 것이다.

■ 사록목성(四綠木星)과의 관계

말이 잘 통하는 친구로 당신을 도와주며 우울함과 고민을 해결해 줄 수 있는 사람이다. 당신을 진실되지 않다고 느끼지 않도록 신중하게 행동해야 한다. 그렇지 않으면 진솔하게 왕래하려고 하지 않을 것이다.

■ 오황토성(五黃土星)과의 관계

조화롭지 못한 만남으로 공통된 인식이 없으니 성심으로 대해 의심과 잡념을 없애야 한다. 그래야만 도움을 요청할 수 있고 보답도 받을 수 있다. 만약 상대가 위선자라면 일찌감치 떠나는 것이 좋다.

■ 육백금성(六白金星)과의 관계

이 만남은 좋은 조합이 될 수 있으나 반드시 고집스러운 자아를 버리고 성실하게 대해야 한다. 그래야만 의견충돌로 헤어지는 일을 막을 수 있다.

■ 칠적금성(七赤金星)과의 관계

이 만남은 상대가 당신을 도우려는 마음이 있다. 그러나 지나치게 요구하거나 의존하면 안 된다. 그러면 반감을 살 수 있다.

■ 팔백토성(八白土星)과의 관계

조화롭지 못한 만남으로 공통된 인식이 없으니 성심으로 대해 의심과 잡념을 없애야 한다. 그래야만 도움을 요청할 수 있고 보답도 받을 수 있다. 만약 상대가 위선자라면 일찌감치 떠나는 것이 좋다.

■ 구자화성(九紫火星)과의 관계

이 만남은 열에 아홉은 이루어지지 않는다. 그러나 서로 돕고 격려하면 영원히 지속될 수도 있고, 각자의 본분을 알고 행동하면 발전하는 계기가 될 수도 있다.

7. 이흑토성(二黑土星)의 명운

■ 일백수성(一白水星)과의 관계

이 만남은 서로 보살펴 주는 조화로운 성향이 있다. 일백수성(一

白水星)은 상대의 원만함을 이용할 수 있어 토성(土星)의 고집을 보충해 주고, 토성(土星)은 상대의 능력을 발휘하게 해주며 가까워지고 싶어하고, 이흑토성(二黑土星)은 상대의 품성을 알아 이로운 친구를 가려 사귀는 것이 필요하다. 상대의 감언이설에 속아 소홀해지면 안 되고, 가까우면서도 먼 관계를 유지하는 것이 가장 좋다.

■ 이흑토성(二黑土星)과의 관계

이 만남은 좋은 조합은 아니다. 두 사람은 모두 속이 좁고, 서로에게 무성의하며 싫어하고 의심을 품는다. 그러나 상대가 연장자라면 도움이 되고 보살핌을 받을 수도 있다.

■ 삼벽목성(三碧木星)과의 관계

이 만남은 삼벽목성(三碧木星)의 적극성이 이흑토성(二 黑土星)을 이끌어 공동의 목표를 향해 매진해야 한다. 그러나 삼벽목성(三碧木星)의 일시적인 정열과 질투와 경솔함으로 실패를 초래할 수 있다. 따라서 이흑토성(二黑土星)과 함께 일할 때는 반드시 순서에 맞게 처리해야 한다.

■ 사록목성(四綠木星)과의 관계

상대는 여러 가지 방법으로 당신이 순종하도록 만들 것이다. 그러나 일방적으로 평가하지 말고 여러 각도에서 관찰해야 한다. 그리고 진지하며 옳아야만 상대의 교묘한 생각을 당신을 위해 쓰게 할 수 있다.

■ 오황토성(五黃土星)과의 관계(陽男, 陽女)

이 만남은 좋은 조합은 아니다. 두 사람은 모두 속이 좁고, 서로에게 무성의하며 싫어하고 의심을 품는다. 그러나 상대가 연장자라면 도움이 되고 보살핌을 받을 수도 있다.

■ 오황토성(五黃土星)과의 관계(陰女, 陰男)

상대가 정직한 군자일 수도 있고 그릇된 소인배일 수도 있다. 어떤 사람인지 확실하게 구분할 수 없으면 피하는 것이 가장 좋다. 사이좋게 지내기를 기대하지 말고 비판하지도 마라. 그러면 고립과 도움을 받을 수 없는 것을 가속화시킬 뿐이다.

■ 육백금성(六白金星)과의 관계

이 만남은 육백금성(六白金星)의 냉정하며 완벽한 성격을 개의치 않아도 된다. 상대의 장점을 알고 협력하면 편안하고 따뜻한 대상을 될 수 있다.

■ 칠적금성(七赤金星)과의 관계

이흑토성(二黑土星)을 만나면 서로 격려하며 공동의 이상을 향하여 나가니 앞길이 유망하다. 그러나 나쁜 일에 의기투합하면 칠적금성(七赤金星)의 실속이 없고 겉치레뿐인 성격과 이흑토성(二黑土星)의 걱정이 많고 감정적이며 인색한 면이 합쳐 파괴적인 상황을 만들 것이다.

■ 팔백토성(八白土星)과의 관계

상대가 정직한 군자일 수도 있고 그릇된 소인배일 수도 있다. 어떤 사람인지 확실하게 구분할 수 없으면 피하는 것이 가장 좋다. 사이좋게 지내기를 기대하지 말고 비판하지도 마라. 그러면 고립과 도움을 받을 수 없는 것을 가속화시킬 뿐이다.

■ 구자화성(九紫火星)과의 관계

이 만남은 당신을 배려하며 친절을 베풀 것이다. 실력을 갖추고 상대가 성취감을 갖도록 도와주어야 한다. 그렇지 않으면 사랑은 깊어도 책망이 심한 모습이 되어 당신에게 더 이상 기대하지 않을 것이다. 스스로 경계하며 반성하고 상대방이 귀찮다고 싫어하면 안 된다.

8. 삼벽목성(三碧木星)의 명운

■ 일백수성(一白水星)과의 관계

이 만남은 상대가 자상하며 인내로 당신을 이해하며 격려해 줄 것이다. 문제를 해결하도록 도와주는 사람이니 조급하거나 참을성 없이 대하면 안 된다. 만일 마음대로 진행하려고 하면 반감을 사고 일을 그르칠 수 있으니 조심하라.

■ 이흑토성(二黑土星)과의 관계

멀리서 친구가 왔으니 어찌 즐겁지 않으랴. 서로 잘 알며 아끼고 뜻이 맞아 지향하는 바가 같은 관계다. 설사 소인배라 할지라도 상관없다. 정해진 법칙과 일정한 질서를 위배하지만 않으면 상대를 잃지 않을 것이다.

■ 삼벽목성(三碧木星)과의 관계

이 만남은 성격이 비슷하여 타협이 잘 안 된다. 문제가 생기면 정면으로 충돌하지 말고 돌려서 설득해야 한다. 상대의 일과 기호에 관심을 보이는 것이 잘 지낼 수 있는 방법의 시작이다.

■ 사록목성(四綠木星)과의 관계

상대는 당신의 모든 부분에 매우 큰 영향력을 지닌 사람이다. 당신을 가로막고 있는 부정적인 국면을 타파하여 무한한 이익을 얻게 해 줄 것이다. 그러나 당신도 부지런히 실천해야만 수확이 있을 것이다.

■ 오황토성(五黃土星)과의 관계(陽男, 陽女)

멀리서 친구가 왔으니 어찌 즐겁지 않으랴. 서로 잘 알며 아끼고 뜻이 맞아 지향하는 바가 같은 관계다. 설사 소인배라 할지라도 상관없다. 정해진 법칙과 일정한 질서를 위배하지만 않으면 상대를 잃지 않을 것이다.

■ 오황토성(五黃土星)과의 관계(陰女, 陰男)

당신이 탐욕스런 성격을 버리면 상대는 건설적인 건의를 할 것이다. 그리고 당신이 상대의 결점을 개의치 않으면 한마음으로 협력하는 가운데 큰 사업을 완성할 수 있다. 좋은 파트너를 잃지 않도록 노력하라.

■ 육백금성(六白金星)과의 관계

이 만남은 일을 대충하는 당신을 올바르게 이끌어 주고, 서로 자연스러운 묵계가 생기면 미혹되거나 의심하지 않을 것이다. 그에게 요구하거나 바라지 않아야 반감과 냉정한 태도를 만들지 않는다.

■ 칠적금성(七赤金星)과의 관계

두 사람은 상황에 따라 행동하는 것이 좋다. 노력해야 할 때는 노력하고, 놀아야 할 때는 마음껏 노는 것이다. 서로의 장점과 단점을 잘 파악하여 적합한 일을 맡기면 원만하게 지낼 수 있다.

■ 팔백토성(八白土星)과의 관계

당신이 탐욕스런 성격을 버리면 상대는 건설적인 건의를 할 것이다. 그리고 당신이 상대의 결점을 개의치 않으면 한마음으로 협력하는 가운데 큰 사업을 완성할 수 있다. 좋은 파트너를 잃지 않도록 노력하라.

■ 구자화성(九紫火星)과의 관계

이 만남은 아주 좋은 조언자로 곤란한 일도 쉽게 해결해 줄 것이다. 협력하면서 흉금을 털어놓고 이야기하는 것이 가장 중요하다.

9. 사록목성(四綠木星)의 명운

■ 일백수성(一白水星)과의 관계

이 만남은 당신에 대한 배려와 성심이 있으니 믿음을 잃지 않도록 노력해야 더 많은 것을 얻을 수 있다.

■ 이흑토성(二黑土星)과의 관계

이 만남은 상대가 능력을 발휘하도록 도와주어야 한다. 목표를 세워주면 재능을 발휘할 것이다. 반대로 당신이 재능을 발휘하려면 먼저 상대의 신임을 얻어야 된다. 미혹되지 않고 노력하면 당신을 무시할 수 없을 것이다.

■ 삼벽목성(三碧木星)과의 관계

이 만남은 서로 끌어당기는 힘을 유지해야 한다. 수시로 검토하며 반성하고, 의견이 다를 때는 충동적으로 행동하지 말고 득실을 검토하라. 급한 일을 대처할 때는 각자 자신의 위치와 본분을 지켜야 오래도록 잘 지낼 수 있다.

■ 사록목성(四綠木星)과의 관계

두 사람은 모두 실사구시의 장점과 독선이라는 단점이 있으니 겸손하게 행동해야 상대의 마음에 들어갈 수 있다. 당신은 헤어질 때 운명이라고 단념하는 소극적인 심리가 있으니 사귀기로 결정하기 전에 반드시 이성적으로 판단하는 것이 좋다.

■ 오황토성(五黃土星)과의 관계(陽男, 陽女)

이 만남은 상대가 능력을 발휘하도록 도와주어야 한다. 목표를 세워주면 재능을 발휘할 것이다. 반대로 당신이 재능을 발휘하려면 먼저 상대의 신임을 얻어야 된다. 미혹되지 않고 노력하면 당신을 무시할 수 없을 것이다.

■ 오황토성(五黃土星)과의 관계(陰女, 陰男)

이 만남은 서로 보완하는 역할을 해줄 것이다. 상대는 말재주는 없으나 실행할 줄 아는 장점이 있으니 당신의 교제능력으로 보완하여 끊임없이 협력하면 좋다. 그리고 상대가 능력을 발휘하도록 도와주어야 한다. 목표를 세워주면 재능을 발휘할 것이다. 반대로 당신이 재능을 발휘하려면 먼저 상대의 신임을 얻어야 된다. 미혹되지 않고 노력하면 당신을 무시할 수 없을 것이다.

■ 육백금성(六白金星)과의 관계

재덕을 겸비한 당신이 당신보다 더 우수한 사람을 만나면 아주 좋은 조합이 될 수 있으나, 재능은 많으나 덕이 부족한 사람을 만나면 악몽이 될 것이다. 강경하며 인내심이 있어야 귀인이 될 수 있고 자비심을 베풀 수 있다.

■ 칠적금성(七赤金星)과의 관계

빛나는 재능과 어진 성격으로 상대에게 기쁨을 주면 반드시 큰 도움을 받을 것이다. 그러나 상대를 대할 때는 때와 장소, 상황을 잘 파악해야 당신에게 지나친 요구를 하지 않을 것이다.

■ 팔백토성(八白土星)과의 관계

이 만남은 서로 보완하는 역할을 할 것이다. 상대는 말재주는 없으나 실행할 줄 아는 장점이 있으니 당신의 교제능력으로 보완하여 끊임없이 협력하면 좋다. 그리고 상대가 능력을 발휘하도록 도와주어야 한다. 목표를 세워주면 재능을 발휘할 것이다. 반대로 당신이 재능을 발휘하려면 먼저 상대의 신임을 얻어야 된다. 미혹되지 않고 노력하면 당신을 무시할 수 없을 것이다.

■ 구자화성(九紫火星)과의 관계

이 만남은 두 사람 모두 매우 좋은 장점이 있어 한 번 보고 의기투합할 것이다. 세심하게 돌보면서 당신이 온화한 사람임을 알게 하는 것이 좋다. 항상 관심을 쏟는 것이 중요하다.

3. 오황살(五黃煞), 암전살(暗箭煞), 세파(歲破), 월파(月破)

1. 오황살(五黃煞)

오황살(五黃煞)이란 오황토성(五黃土星)이 치년(値年)의 구성(九星)에 의해 중궁(中宮)에 들어 8궁(宮)을 지나 어느 궁(宮)에 멈추는지를 보아 명운을 살피는 것이다. 오황살(五黃煞)이 들면 모든 일이 불길하여 파산·부도·분리·실패·사망·장애·교통사고·

질병·실업·소송·부하의 불충 등의 액운이 따르기 쉽다. 오황살(五黃煞)의 흉은 대개 자신의 판단착오나 소홀함에서 비롯된다. 예를 들어 교통사고가 났다면 본인이 과속하다 상대방과 부딪친 것이다. 오황살(五黃煞)은 파괴력이 매우 심하므로 조심하고 또 조심해야 한다.

2. 암전살(暗箭煞)

암전살(暗箭煞)은 오황살(五黃煞)의 맞은편 궁(宮)에 있는데, 그 해로움은 매우 돌발적이며 외부에서 비롯되므로 막을 수가 없다. 알 수 없는 재앙으로 대부분 하극상·재산손실·횡액·교통사고·강도상해·화재상해 등이 따른다. 만약 일백(一白)과 사록(四綠)의 길성(吉星)이 임하면 심약한 남녀의 애매한 정이 폭로되는 등의 일이 발생할 수 있다.

3. 세파(歲破)

세파(歲破)는 태세(太歲)를 거스르기 때문에 모든 일이 순조롭지 않다. 멀리 나가 도모하는 일에 변화가 많고, 수하의 배반, 경쟁자 출현, 동업자의 시기 등이 따르기 쉽다. 여기다 년운(年運)까지 불길하면 몸이 상하는 화를 거듭 당한다.

4. 월파(月破)

월파(月破)는 월령(月令)의 지지(地支)가 충(沖)을 당하는 암담한 시기이므로 흉함이 세파(歲破)와 같다.

■ 년운(年運)과 월운(月運)의 조합 논단

① 년운(年運)과 월운(月運)이 모두 흉하면 월운(月運)이 흉하다.
② 년운(年運)이 길하고 월운(月運)이 흉하면 운이 흉하다.
③ 년운(年運)과 월운(月運)이 모두 길하면 월운(月運)이 길하다.
④ 년운(年運)이 흉하고 월운(月運)이 길하면 운이 길함이 적다.

그래서
①의 조합을 만나면 일 처리를 주의해야 한다.
②의 조합을 만나면 지금은 평안해도 위급한 상황을 대비하며 조심해야 한다.
③의 조합을 만나면 좋은 운세이니 기회를 잘 파악해야 한다.
④의 조합을 만나면 가능하면 새로운 계획과 행동은 하지 않는 것이 좋다. 부득이한 일이 아니면 좋은 월운(月運)을 기다리는 것이 좋다.

4. 구궁행운(九宮行運)의 운세법

오중궁(五中宮)은 온육(蘊育)의 시기, 육천궁(六天宮)은 발전・확장의 시기, 칠택궁(七澤宮)은 태평・만사형통의 시기, 팔산궁(八山宮)은 즐겁고 화려하다가 쇠퇴기에 돌입하는 시기이니 깊이 사고

하고 경계하여 구화궁(九火宮)에 도달하면 좋다.

그러나 나쁜 분수령이 되면 재난을 잘 방지해야 일수궁(一水宮)의 위험한 시기를 안전하게 지나갈 수 있다. 곤란함을 이기고 이지궁(二地宮)으로 들어가면 행복에 도달하고, 좋은 운을 잡아 삼뇌궁(三雷宮)을 만나면 분발하니 지난 해에 세운 계획을 실행할 수 있다. 그렇지 않으면 악운을 만났을 때 곤궁에 빠져 분발할 수 없다.

삼뇌궁(三雷宮)의 좋은 운세에는 말을 삼가며 조심하고, 자만하지 말고 겸허해야 한다. 여러 사람의 의견을 모으면 더 큰 효과를 얻을 수 있다. 운을 향상시켜 사풍궁(四風宮)에 도달하면 꽃망울을 터뜨리는 시기이니 앞길을 포장하는 때가 된다. 하나의 새로운 계획을 열고 다시 오중궁(五中宮) 온육(蘊育)의 시기가 되면 또 하나의 참신한 시작이 된다. 정리하면 다음과 같다.

① 본명성(本命星)이 이지궁(二地宮) · 오중궁(五中宮)에 돌아오는 때는 사업을 계획 검토하는 온육기(蘊育期)다.
② 본명성(本命星)이 육천궁(六天宮) · 삼뇌궁(三雷宮)에 돌아오는 때는 적극적으로 계획을 실행하며 좋은 성과를 얻는 시기다. 단 역량을 쌓으며 세밀하게 준비해야 한다. 이것은 융성하면 곧 쇠약해지고, 쾌락이 도리어 슬픔을 낳는 전환점이기 때문이다. 변화에 잘 대응하면 일이 순조로우나 그렇지 않으면 한 번 실패한 뒤 다시는 일어서지 못한다.

5. 구성반궁(九星返宮)의 운세법

1. 오중궁(五中宮)

자만하거나 독단으로 행동하지 말아야 한다. 중궁(中宮)의 오황(五黃)은 임금의 자리에 비유하며 쉽게 포악해질 수 있다. 깊이 생각하지 않고 소홀하게 하다가 모든 일이 극에 다다르면 시들고, 완전한 것이 변하여 부족해진다. 자주 반성해서 실패를 막아야 하고, 새로운 계획을 세우거나 적극적으로 행동할 때는 반드시 조심해야 한다. 2·5·8 토성(土星)의 명(命)을 지닌 사람은 건조한 기가 서로 공격해 분쟁이 일어나니 항상 조심해야 한다.

■ 오황(五黃 : 中宮)의 인사형상(人事形象)

천상 : 태풍, 가뭄, 지진, 수재, 병충해, 전염병.

지리 : 해안 매립지, 황무지, 묘지, 사막, 폐허, 쓰레기장, 화장실, 사고현장, 화장터, 폐기사찰.

인물 : 노인, 좀도둑, 정신병자, 살인범, 강도, 폭력배, 노점상, 경리.

신체 : 내장, 복부, 비장.

질병 : 내장계통, 뇌출혈, 상한, 전염병, 고열, 종양.

동물 : 독사, 독성의 동물류, 모기, 벼룩, 송충이, 이.

잡상 : 중독, 강탈, 악성, 질병, 빈약, 고열, 병재발, 신용실추, 투쟁반항, 도회(倒會), 예의없음, 불경기.

2. 육천궁(六天宮)

강건불식(剛健不息)의 땅으로 준비를 강화하며 추진하는 마음자세가 필요하다. 비록 선배의 가르침과 경험을 배우는 이로운 점이 있으나 독단으로 행동하려는 마음이 있다. 반드시 손해를 막아 목적과 방향을 잃고 쓸데없이 바빠지는 일이 없어야 한다. 본명(本命) 칠적(七赤)에 세파(歲破)가 있는 사람은 더욱 근신 경계하여 실패를 막아야 한다. 신체의 건강과 교통사고도 조심해야 한다.

■ 육천궁(六天宮)의 인사형상(人事意象)

천상 : 맑음, 늦가을에서 초겨울까지, 한기, 맑은 하늘, 태양, 빙설.

지리 : 북서방(北西方), 번화가, 광산, 고지, 명승지, 도시, 바다, 대하, 고원지대.

장소 : 교회, 사당, 관부, 내각, 경찰국, 국회, 회의장, 대건축, 경기장, 박람회, 자전거 경기장, 광장, 빌딩가, 큰 길, 고급주택가, 경치 좋은 곳.

인물 : 군자, 사장, 사회자, 고관, 목사, 관리, 장자, 노인, 부친, 유명인사, 독재자, 자본가, 조상, 점성가, 정치인, 운동선수, 우산장수, 승려.

신체 : 머리, 얼굴, 목, 심장, 늑막, 폐, 손톱, 늑골.

질병 : 심장병, 뇌출혈, 폐부질환, 부종, 늑막염, 피로, 목을 삠, 피부병, 폐병, 골절.

동물 : 말, 코끼리, 구렁이, 호랑이, 곰, 맹수, 허구의 동물, 학, 고래.

잡상 : 견고, 고집, 위엄, 강경, 오만, 전쟁, 권력, 용기, 충실, 완성, 만족, 모범, 정확, 준수, 집주인, 부호, 존경, 관대, 정직, 원만, 건장, 진행, 운전, 분망, 향상, 선배, 높음, 상승, 원료, 매운맛, 상등, 자원, 고급, 완전, 고가, 수확, 광대, 노년.

3. 칠택궁(七澤宮)

겉으로는 좋아 보이나 실제는 부족한 부분이 있다. 수지가 맞지 않고 쾌락이 지나치며 마음이 경박하다. 이 시기에는 70~80%만 가능하니 과분한 기대를 하면 안 된다. 범사에 선회하는 공간이 있어야 좋고, 구리명(九離命)은 이궁(칠택궁)에 들어 왔을 때 암전살(暗箭煞)을 범하니 매사에 근신하며 조심해야 한다. 평형을 잃어 수습할 수 없음을 피하려면 각각의 것들을 관련지어 놓으면 안 된다. 서로 맞지 않아 어찌할 바를 모르게 될 수 있다.

■ 칠택궁(七澤宮)의 인사형상(人事意象)

천상 : 신월(新月 : 상현달), 우천, 이변의 날씨, 맑다가 비가 옴, 쾌청하지 않은 날씨, 추풍, 흐림, 황혼, 일몰, 이슬, 시원함, 별.

지리 : 서방(西方), 작은 하천, 계곡, 못, 분지, 작은 항, 단층지.

장소 : 움푹들어간 저지대, 하천변, 동굴, 우물, 도랑, 수영장, 댄스바, 사창가, 식당, 음식점, 강당, 축하장소, 손님을 맞는 장소.

인물 : 소녀, 설명가, 기생, 첩, 가수, 후처, 스튜어디스, 이혼녀, 행실이 단정하지 않은 소녀, 불량한 사람, 예술인, 번역가, 강연자, 변호사, 화류계 사람, 치과의사, 담이 작은 사람.

신체 : 혀, 입, 흉부, 폐, 호흡기관, 목, 치아.

질병 : 구강, 치통, 혀, 인후, 흉부, 기관지, 결핵성, 폐병, 상처, 타박상, 신경쇠약.

동물 : 양, 참새, 고양이, 수조류, 닭

잡상 : 욕, 구설, 쟁론, 강습, 논의, 음식, 주식, 무도회, 파티, 노래, 도난, 파괴, 결여, 여흥, 연회, 오락, 축하, 유쾌, 호화, 풍취, 연애, 결혼, 감언이설, 색정, 게임, 부녀희롱, 입맞춤, 유혹, 교언영색(巧言令色), 비열, 낭비, 살신지화(殺身之禍), 과실, 상처, 조소, 경거망동, 이야기, 외유내강, 웅변, 기민, 웃음, 소녀.

4. 팔산궁(八山宮)

장애가 있으니 하는 일마다 진전이 없고, 동요와 변화가 많은 때이니 매사에 잘 준비하고 검토해야 한다. 고집을 부리거나 자만하지 않으면 반드시 성공의 길이 있다. 수장궁(收藏宮)으로 모든 일에 한 차례의 실패가 있으니 대비해야 한다. 분쟁을 피하기 어렵지만 지혜를 어떻게 발휘할 것인가가 필요한 단계다.

■ 팔산궁(八山宮)의 인사형상(人事意象)

천상 : 흐림, 날씨나 기후의 변화가 고르지 않음.

지리 : 동북방(東北方), 구릉, 산, 분묘, 고지, 고적지.

장소 : 묘지, 창고, 사원, 작은 주택, 제방, 경계, 사물과 사물 사이, 관문, 사거리, 계단, 길 가장자리, 출입문, 문, 집, 산 위의 작은 집, 여관, 아파트, 산길, 정류장, 석벽, 산림, 돌층계.

인물 : 연소자, 산승, 아이, 산중인, 죄수, 욕망이 강한 사람, 완고, 무지한 사람, 비만한 사람, 이재에 능한 사람, 계승인, 후계자, 관리인, 외교관, 수위, 전달자, 여관업자, 임대업자, 집을 보는 사람, 사탕업자, 창고관리인, 부동산, 경관, 양자.

신체 : 배, 코, 허리, 손, 손가락, 손목, 뼈, 관절, 발, 발목, 머리, 척수, 근육.

질병 : 요통, 척수에서 비롯된 병, 관절병, 류머티즘, 콧병, 피곤해서 생긴 병, 근육결림, 어깨근육 뭉침, 반신불수, 혈액순환 불순, 신경통, 소화불량.

동물 : 다리가 긴 새, 기린, 부리가 딱딱한 새, 돼지, 쥐, 사슴, 학, 집단생활하는 동물류, 백로.

잡상 : 한가한 사람, 우유부단, 정지, 미혹, 구상 중, 도산, 중지, 휴업, 차압, 종료, 단절, 만기, 소생, 재기, 변화, 재개시, 전환점, 갱신, 인계, 접속, 경계, 신규모, 고장, 재생, 개조, 출발, 정리, 저축, 성격이상자, 지연, 기다림, 퇴폐적인 물건, 오랜친구, 오래된 문제, 조상, 환어음.

5. 구화궁(九火宮)

구명(九明) 리(離)의 형상으로 일목요연하나 우유부단하다. 축적된 선행과 악연이 모두 선명하게 드러날 수 있고, 사업전환의 동적인 상황이 있다. 구화궁(九火宮)과 같으면 반드시 먼저 구속력을 갖고 좋은 계획에 따라 실행해야 한다.

■ 구화궁(九火宮)의 인사형상(人事意象)

천상 : 태양, 열, 맑음, 정오, 여름, 온화, 네온, 적자주색.

지리 : 남방(南方), 건조한 곳, 화산지대, 열지방, 분화구, 남향지, 번화가.

장소 : 천문대, 등대, 구치소, 세무기관, 검열소, 세무서, 경찰서, 법원, 파출소, 소방대, 정부기관, 의회, 의사당, 도서관, 전시관, 극장, 백화점, 사진관, 교실, 도박장, 학교, 효자, 열녀문, 번화가, 미용실, 화장품점, 장식품점, 투표소.

인물 : 미인, 중년부인, 예술인, 경솔한 사람, 작가, 변호사, 저작가, 서예가, 학자, 모델, 선교자, 유명인사, 장식가, 미술가, 법관, 경관, 감시인, 사진사, 광고선전인, 예언가, 안과의사, 교사, 안경 쓴 사람, 약제사, 방화벽이 있는 사람, 안경점 점원, 나쁜 사람, 꽃가게 주인, 신문기자.

신체 : 눈, 유방, 심장, 정신, 얼굴, 머리, 두뇌.

질병 : 심장병, 시력감퇴, 안질, 근시, 색맹, 난시, 두통, 뇌일혈, 어지럼증, 뇌질, 유방암, 고열, 발광, 실성, 정신피로, 귓병, 정신착

란, 여드름이나 피부건조 등 얼굴에 생긴병.

동물 : 꿩, 갑어, 거북이, 조개, 게, 어패류, 앵무새, 공작, 새우, 칠면조, 금붕어, 열대어

잡상 : 불, 화재, 밝음, 열, 광, 광휘, 광명, 태양, 등불, 화려함, 광선, 홍색, 장식, 미려함, 아름다운 경치, 문재, 예지력, 제사, 판단, 진단, 감식, 추측, 발견, 이합집산, 막힘, 단절, 외관, 발명, 출현, 폭로, 제사, 발각, 생각, 격렬함, 분리, 수술, 눈으로 볼 수 있는 무형지물, 신앙, 종교, 안경, 창문, 시력, 사진, 영화, 심리학, 치장, 무거처, 방화, 불에 타 죽음, 피로, 선전.

6. 일수궁(一水宮)

함정과 위험이 있는 암흑기로 주변환경의 억압을 받아 발전할 수 없다. 경제와 금전 모두 이상과 다르고, 절도나 사기를 당할 수 있고, 많은 일이 알 수 없이 진행된다. 재해를 최소화하려면 구화궁(九火宮)의 해에 가장 좋은 해결책을 세워야 한다.

■ 일수궁(一水宮)의 인사형상(人事意象)

천상 : 달, 눈, 비, 서리, 이슬, 바람, 한로, 만조, 수재, 퇴조, 어두운 밤, 우발, 노을, 수기, 심야, 물방울, 월광, 장마.

지리 : 북방(北方), 하천, 계곡, 우물, 습한 저지대, 요지, 급류, 험준한 곳.

장소 : 지하실, 온천지, 수족관, 소방서, 수원지, 상수관리소, 의원, 후문, 목욕탕, 사창가, 침실, 함정, 침대밑, 세면대, 장의사, 어두운 집, 숙직장소, 움푹한 지대, 해수욕장, 수전, 물건의 가장 아래쪽·대하구, 어장, 습지, 하수도, 빈집, 화장실, 주점, 찻집, 물건을 묻은 곳, 고랑, 깊은 곳, 은폐장소, 물품의 내면, 현관, 음산한 장소.

인물 : 선원, 하수인, 외교관, 악인, 참모, 유랑자, 환자, 시각장애인, 임산부, 색광, 노약자, 죽은 사람, 시체, 철학가, 소설가, 걸인, 간첩, 도망자, 생선장수.

신체 : 귀, 혈액, 콧구멍, 체액, 신장, 혈관, 척수, 항문, 등, 자궁, 음부, 난소, 직장, 요도.

질병 : 귀앓이, 구냉증, 신장병, 수종, 치질, 화류병, 월경불순, 성병, 부인병, 알콜중독, 피로, 신경쇠약, 발의 병, 우울증, 당뇨병.

동물 : 어류, 올챙이, 오징어, 해파리, 장어, 물고기의 알, 여우, 돼지, 쥐, 곤충류의 알, 지렁이.

잡상 : 교제, 관계, 유혹, 결합, 비밀, 임신, 심약, 색정, 번뇌, 사상, 고려, 회의, 비애, 고뇌, 울음, 발병, 습함, 정체, 불경기, 독에 의한 재난, 행방불명, 방랑, 냉담, 실패, 곤란, 원망, 낙상, 결함, 자살, 절망, 유실, 책략, 실망, 잠입, 비책, 법률모의, 도둑질.

7. 이지궁(二地宮)

생육・접수・조급함을 경계하며 인내하는 형상으로 좋은 운을 맞는 마음상태다. 따라서 실업자는 적극적으로 직업을 찾아야 하고, 경영자는 다시 방침을 정해 활기찬 시기를 맞이해야 한다. 정신이 아득해져 주장을 잃는 상황이 생기나 기다리는 것도 무방하니 근신하는 태도로 시간을 갖는 것도 좋은 해결책이다. 조급함이나 다툼에서 나온 일은 모두 좋지 않다.

■ 이지궁(二地宮)의 인사형상(人事意象)

천상 : 흐린 날, 습냉, 안개, 청명한 날, 초가을, 늦여름.

지리 : 남서방(南西方), 평지, 들, 농촌, 교외, 고향, 산허리, 분지, 모서리.

장소 : 평야, 공원, 들, 공터, 인조육지, 성루(城樓), 묘지, 창고, 고택, 전각, 농가, 작은 집, 침실, 어두운 곳, 미곡창, 아직 지반을 덮지 않은 방, 잡곡창, 방구석, 벽장, 가구, 사업지구, 저장고.

인물 : 모친, 주부, 처자, 노부인, 조수, 조카, 재단법인, 보조, 노동자, 오합지졸, 추한 사람, 무지한 사람, 미아, 직원, 빈곤한 사람, 골동품상, 미곡상, 열등한 사람, 토목기사, 노동자, 부하, 동업, 고서상, 친척, 오랜 친구, 배가 나온 사람, 고향사람.

신체 : 복부, 비장, 늑골, 위, 육, 혈, 배꼽, 소화기관, 오른손.

질병 : 복통 등의 소화계통 병, 위암, 위궤양, 식욕부진, 하체유혈,

빈혈, 불면증, 과로, 구역질, 이질, 변비, 소화불량, 위하수, 위산과다, 위확장, 피부병, 비장질환, 어깨부분의 뻣뻣함, 굶어 죽음, 허탈, 건망증, 상한, 허약증, 피부갈반증.

동물 : 소, 양, 어미말, 산양, 거미, 개미, 까마귀, 어두운 곳에서 사는 생물, 땅 속에 사는 곤충.

잡상 : 순종, 유순, 복종, 인내, 근엄, 부단, 미망, 태만, 겸손, 외유내강, 복잡, 이익, 공허, 비겁, 의혹, 인색, 우려, 걱정, 오래된 문제, 오랜 친구, 근신, 허무, 자비, 신신당부, 정절, 개척, 의회, 사육, 양생, 처리중, 의논중, 안정, 유화, 유화, 온후, 근면, 봉사정신, 타인을 돌봄, 세심함, 무능, 수구, 무식, 조급, 부재, 취직, 추구, 근로, 기연, 노동, 소극, 공동, 지금, 대세, 출생, 수구(守舊), 우둔.

8. 삼뇌궁(三雷宮)

진동 · 지배 · 생장의 형상으로 삼뇌궁(三雷宮)의 만남은 운세가 새싹이 나는 것과 같아 억압이 많던 때의 일이 여러 가지 행동과 함께 펼쳐진다. 새로운 계획과 이상도 연달아 발휘되는 시기이니 운세를 타개할 수 있다. 선한 일을 하면 선한 결과를 얻고, 악한 일을 하면 악한 결과를 얻으니 선한 생각과 선한 행동을 하면 찬란하게 발전할 수 있다.

■ 삼뇌궁(三雷宮)의 인사형상(人事意象)

천상 : 뇌우, 해일, 우박, 폭발, 분화, 동풍, 번개.

지리 : 동방(東方), 큰 길, 진원지, 시끄러운 거리, 삼림, 삼각지대, 봄의 정원・들・평야.

장소 : 대회장, 음악학원, 연주회장, 광고방송국, 전기점, 악기점, 상점가, 극장, 서커스단, 전신국, 발전소, 급행열차.

인물 : 장남, 저명인사, 연장자, 의사, 소란스러운 사람, 학생, 광폭한 사람, 사냥꾼, 강담자, 가수, 유랑가수, 전기기사, 악사, 전화교환원, 해설원, 방송인, 조종사, 사회자, 히스테리 있는 여자, 사기꾼, 계승자, 성급한 사람, 목수.

신체 : 간장, 왼발, 왼손, 모발, 인후, 엄지, 혀, 손, 옆구리

질병 : 신경통, 내출혈, 발의 병, 감기, 히스테리, 공포증, 신경증, 정신이상, 광란증, 관절염, 심계항진, 간장병, 백일해, 천식, 모발의 병, 수족마비, 소아병.

동물 : 뱀, 거북이, 준마, 독수리, 매, 참새, 꾀꼬리, 동박새, 듣기 좋은 소리를 내는 새, 거미, 지네, 개구리, 알, 반딧불, 벌, 다리가 많은 종류, 매미, 귀뚜라미・비파충 등의 울음소리를 내는 곤충류.

잡상 : 음성, 소리는 있으나 형태가 없는 상, 언어, 위조물, 거짓말, 사기, 연구, 설교, 전령, 쟁론, 시끄러움, 성급, 선전, 진언, 협박, 발표, 호출, 증진, 통지, 성장, 돌진, 상승, 독립, 진동, 부족한 부분, 재채기, 분노, 첨예, 발분(發奮), 조음, 신장, 신상품,

성대함, 왕성함, 신상품 발표, 젊음, 발육, 음파, 전보, 누전, 높은 것, 바늘종류, 여행.

9. 사풍궁(四風宮)

향유 · 순종의 상이다. 그러나 결핍 · 의심 · 미혹하는 마음이 있으니 성숙한 마음을 갖고 지식을 쌓는데 노력해야 한다. 온건한 입장과 본분으로 포부를 실행할 운이나 장애를 만나면 결점을 찾아 수정해야 한다. 공연히 조급한 마음으로 어찌할 바를 모르면 안 된다. 이때의 운세는 순풍에 돛을 단 배와 같으나 역풍을 만나면 불합리한 일에 과분한 기대를 품으면 안 되고, 억지로 도모하면 안 된다.

■ 사풍궁(四風宮)의 인사형상(人事意象)

천상 : 바람, 하현달, 선풍, 오존, 큰바람, 구름이 끼었으나 비는 오지 않는 날씨.

지리 : 교역장, 시장, 부두, 도로, 비행장, 궤도, 충렬사당, 건널목, 효자문, 열녀문, 터널, 사원, 우체국, 육교.

장소 : 동남방(東南方), 과수원, 초목이 번성한 땅, 산림, 공원.

인물 : 주부, 장녀, 과부, 여행자, 스님, 중개자, 상인, 교통기관 관계자, 길을 잃은 사람, 신랑, 몸에서 이상한 냄새가 나는 사람, 비행사, 이마가 넓은 사람, 눈동자의 흰자위가 많은 사람, 천부적인 소질을 타고난 사람, 소첩(訴牒), 수집배송자, 근육은

많으나 힘이 없는 사람, 중매인, 이발소 점원, 소설가, 탤런트, 판매원, 출판업자, 애완동물가게, 운송인, 선박업자.

신체 : 팔다리, 호흡기관, 대퇴부, 식도, 장, 동맥, 신경, 복부, 두발, 왼손, 겨드랑이.

질병 : 감기, 천식, 늑골신경통, 기관지염, 중풍, 신경통, 근육통, 내장질환, 간기능장애, 모발병, 골절, 팔의 병, 담결석, 탈항, 대머리, 식도병, 탈장, 쇠약, 암내, 악취를 풍기는 병, 동맥경화.

동물 : 닭, 꿩, 잠자리, 나비, 지렁이 등의 긴 곤충류, 목이 긴 동물, 조류, 도마뱀.

잡상 : 미혹, 불안, 의혹 순종, 정리, 돌봄, 사이좋음, 중개, 교섭, 교제, 왕래, 교통, 궤도, 여행, 외교, 소식, 부채, 도망, 지연, 외교, 일정하지 않은 직업, 지원, 신용.

6. 세성(歲星)이 본명에 이르는 논단법

1. 오황살(五黃煞)과 암전살(暗箭煞)

■ 일백수성(一白水星)

불길한 시기로 계획이 이루어지지 않는다. 신심을 갖고 행동하나 모든 일이 장애에 부딪치거나 결과가 없으니 경계해야 한다. 분수에 맞지 않는 생각을 하지 말고, 작은 것을 탐하다 큰 것을 잃지 말아야 한다. 그렇지 않으면 쉽게 신용을 잃거나 재산을 잃을 수 있다. 또 색정의 장소에서 말로 인하여 시비유혈의 재난을 쉽게 부르고, 집안이나 자신이 도난 · 사기 · 교통사고 · 화재 등의 악운을 당할 수 있으니 조심하고 근신해야 한다. 건강면에서는 신장과 혈액 질병을 조심해야 한다, 특히 여자는 자궁질병을 조심해야 하고, 임산부는 유산을 조심해야 한다. 미혼 여성은 정절을 쉽게 잃을 수 있는 장소나 환경에 머무르지 않는 것이 좋다.

■ 이흑토성(二黑土星)

순리적인 상황이 춘몽과 같으니 정지되어 다시 추진할 수 없게 된다. 사업에 장애가 생기고 재산에 손실이 따른다. 매우 친한 친구가 당신을 사리사욕이 많은 사람으로 생각하여 관계가 소원해지고, 가정에서는 부자나 형제간에 불화하다 가정파괴에 이를 가능성이 있고, 자식의 상해와 유괴 등이 따를 수 있으니 조심해야 한다. 그리고 주위사람이나 아랫사람의 정당하지 않은 행동 때문에 자주 손실을 입기도 한다. 건강면에서는 비만 · 위장 · 질병 · 요통 · 약물중독 등을 조심해야 한다.

■ 삼벽목성(三碧木星)

쉽게 악평과 신용상실이 따르고, 친구에게 연루되어 손해 · 손재를 당한다. 번영하던 사업이 점차 악화되고, 넉넉함이 변하여 궁핍하게 되며, 타지에서 온 손님에게 사기를 당하고, 멀리서 이룬 사업도 실패하니 해외여행은 좋지 않고, 아랫사람이나 자녀가 조심하지 않아 신용을 잃고 불리한 입장이 된다. 만약 직장인이면 자신의 잘못으로 직장을 잃거나 상사의 신임을 얻지 못할 수도 있다. 그리고 돌발적인 방화·화재·차량사고·화상 등을 조심해야 한다. 감정면에서는 쉽게 이성과 분규가 생기고 이성문제로 계획이 실패할 수 있다. 건강면에서는 위·비장·피부·근육·신경 계통의 질병과 유행성 감기가 중병으로 바뀔 수 있다.

■ 사록목성(四綠木星)

잘 되던 사업이 갑자기 알 수 없는 장애에 부딪쳐 발전하지 못하고, 원거리 교역과 교섭이 이루어지지 않아 손실이 따른다. 직장인이면 일을 신중하게 하지 않으면 좌천될 가능성이 있고, 기업주이면 부하직원의 불만과 반항 때문에 곤경에 빠질 수 있다. 그리고 쉽게 관공서와 시비소송이 발생하고, 탈세나 위법 등 불명예스런 사건으로 고발당할 염려가 있다. 건강면에서는 직장암·복막염·신경쇠약·눈·코 등을 조심해야 한다.

■ 오황토성(五黃土星)

기세가 점차 쇠약해지며 손해를 입는 시기다. 독단과 교만한 마음으로 심사숙고 하지 않고 경계심을 잃는다. 현실에 만족하지 못하고 다른 사람 밑에 들어가는 것을 싫어하여 독자적으로 새로운 사업을 시작하나 훗날의 결과를 고려하지 않는다. 이 시기의 특징은 계획이나 책략을 쉽게 결정하는 것이다. 따라서 실패와 나쁜 상황을 부르며 신용을 잃을 수 있다. 가정에서는 불화하며 안정되지 못하고, 밖에서는 고독·인화결핍·교통사고가 따를 염려가 있다. 건강은 비장 · 부종 · 전염병 · 뇌중풍 등을 조심해야 한다.

■ 육백금성(六白金星)

이 시기에는 능력 밖의 일을 하려고 하면 안 된다. 그렇지 않으면 다른 사람에게 좋지 않은 처지를 드러내게 되고, 투기와 도박 등에 빠져 좌절하는 상황이 계속된다. 술과 이성으로 인한 파산이나 충동적인 관계 때문에 생기는 문제를 피하려면 근신하는 것이 가장 좋다. 그리고 교통사고나 수액 등이 계속되는 운이니 중상 · 사망 · 수술 등을 조심해야 하고, 외부의 유혹을 쉽게 받아 사기 · 절취 · 강도 · 협박 등을 당할 수 있으니 조심해야 한다. 혼자 밤길을 다니지 말고 여름에는 해변에 가지 않는 등 안전에 대한 주의가 필요하다. 건강면에서는 폐 · 신장 · 늑막 · 자궁 등 하복부 질병과 피부 · 뇌병 · 정신병 등이 따를 수 있으니 작은 병이라도 소홀히 여기면 안 된다.

■ 칠적금성(七赤金星)

완고함과 집착 때문에 연장자나 동업자와 쉽게 의견충돌이 생기고, 교역 · 투자 · 매매에 실패하여 수지가 맞지 않거나 재산을 잃고, 회사에서는 상사와 쉽게 언쟁할 수 있으니 범사를 신중하게 생각하면서 안정하는 것이 좋다. 또 가정의 계속되는 분쟁은 이혼에 이를 수 있고, 돌발적인 교통사고로 가장이 사망할 수 있고, 투기사업에 손을 대면 유산을 잃을 수도 있다. 건강면으로는 결핵 · 치과 질환 · 수술 등을 조심해야 한다.

■ 팔백토성(八白土星)

한 번 사업에 실패하면 재기할 수 없고, 대금을 회수하지 못해 경영이 어려워지며, 노사간에 소송이 따를 수 있다. 친구 · 부하 · 동료와 불화하다 신용을 잃고 결국은 절교할 염려가 있다. 터무니없는 말을 쉽게 믿어 사기를 당하거나 가정이 파괴될 수 있다. 일이 힘들어 근무하기 싫고 중병에 걸리거나 불평불만은 많으나 정면으로 나서서 말할 생각은 없는 사람이다. 이치에 맞지 않으니 범사가 모두 반대를 위한 반대일 뿐이고, 일이나 사람을 적대시하다 실패를 부른다. 건강면에서는 비장 · 췌장 · 간장 · 골격의 질병과 심근통이 쉽게 생길 수 있으니 작은 병을 큰 병으로 키우지 않도록 조심해야 된다.

■ 구자화성(九紫火星)

명예롭지 못하며 고립무원의 운이다. 허영심과 시기심이 강하며 언행이 각박하고 매정하여 동료들과 구설시비를 일으키고, 가정불화가 색정시비를 낳을 수 있으니 부인이나 소녀는 특별히 조심해야 하고, 미혹과 도색의 재난도 조심해야 한다. 그리고 연애실패와 사기손재도 끊이지 않고, 경제상의 수지불균형과 금전적인 부채 때문에 소송사건이 끊이지 않는다. 따라서 말과 행동을 신중하게 해야 하고, 연모나 허영을 삼가해야 한다. 문제가 생기면 남의 손을 빌리거나 방임하면 불리하니 적극적으로 나서서 해결하는 것이 좋다. 건강면에서는 구치 · 흉부 · 심장 · 건망증 · 골절 등을 조심하고,

질병이 빠르게 악화될 수 있으니 조심해야 한다.

2. 기본 배성(配星)의 해설

■ 4 · 1 동궁(同宮)

반드시 시험에 합격한다. 일백관성(一白官星)과 사록문창(四綠文昌)은 높은 관직의 승진을 주관한다. 일반인은 귀인을 만나고, 상인은 이득을 얻고, 농업인은 풍작을 하고, 승려는 끝까지 지키는 득이 있다. 모든 사업이 길하나 사는 방탕하고 일은 음란하니 때를 잃으면 다정함도 그릇된다.

■ 2 · 5 동궁(同宮)

이흑병부성(二黑病符星)과 오황염정성(五黃廉貞星)이 동궁(同宮)에 있으면 질병 · 사망 · 시비 · 강도 · 수술 · 실업 등이 따른다. 5가 앞에 있고 2가 뒤에 있으면 과부가 생기고, 2가 앞에 있고 5가 뒤에 있으면 5는 모두 토(土)를 품고 있으므로 임산부는 반드시 재앙을 당한다.

■ 1 · 2 동궁(同宮)

좋은 때이니 경영에 이롭다. 그러나 때를 잃으면 배에 물이 차는 병에 걸리고, 소인배나 음탕한 여자에게 사기를 자주 당한다.

■ 3 · 9 동궁(同宮)

삼벽치우성(三碧蚩尤星)은 다툼을 좋아하는 형상이고, 칠적파군성

(七赤破軍星)은 소슬한 검의 날 형상이다. 절도·강도·소송·관재시비를 주관한다. 선삼후칠(先三後七)은 재산이 많아 도둑을 당하고, 발병·재판·배은망덕의 해를 주관한다. 때를 만나면 문신이 무장의 권력을 겸하며 재산과 관직을 모두 얻을 수 있다.

■ 9·7 동궁(同宮)

칠적(七赤)은 선천적 화수(火數)이고 구자(九紫)는 후천적 화수(火數)다. 화재의 재앙이 잦고, 화재·화상·예리한 물건에 의한 상처를 주관하고, 술과 기생에게 미혹되어 병에 걸리기 쉽다. 오(午)를 만나면 마약에 빠지는 경향이 많으며 색정으로 화를 입는다.

■ 7·6 동궁(同宮)

금(金)이 다시 금(金)을 만나니 교검살(交劍煞)이 되니 약탈·절도·소인배의 음모·남녀간의 다툼·교통사고를 주관한다. 득시(得時)에 정에 융통성이 있고, 무장이 권력을 장악한다.

■ 6·7 동궁(同宮)

육백(六白)은 무곡(武曲), 팔백(八白)은 좌포로 무과(武科)에 공적이 있다. 무인은 지략이 고명하고, 문재는 영예롭게 승진한다.

■ 8·6 동궁(同宮)

문인이 참군(參軍)하거나 쓰임을 달리하는 상이니 일반적인 이치와 순서에 의하지 않고 존귀하게 승진한다. 예를 들어 훌륭한 공을 세워 승진하거나 군중의 인기를 얻어 대표나 지방의 수장이 된다.

■ 6 · 9 동궁(同宮)

금(金)이 화극(火剋)을 만나 건(乾)이 늙은 아버지가 되니 반드시 아버지를 욕하는 아들이 나오거나, 부하에게 수모를 당하거나, 일에 나태하다가 상관과 불화한다. 건강면으로는 폐부병과 토혈을 조심해야 한다.

■ 4 · 9와 3 · 8 동궁(同宮)

연성(聯星)이므로 본래의 성질을 잃으니 원래의 정기를 도둑맞아 태과하면 도로 대기가 된다. 뜻밖의 재앙이나 구설로 인한 화를 주관한다. 일백수(一白水)가 삼팔(三八)을 만나 목연성(木聯星)이 되고, 팔백(八白) 이흑(二黑) 오황토(五黃土)가 사구(四九)를 만나 금연성(金聯星)이 된다.

3. 오황살(五黃煞)

년반(年盤) · 월반(月盤) · 일반(日盤) · 시반(時盤)으로 오황토성(五黃土星)이 위치하고 있는 살을 오황살(五黃煞)이라고 한다. 오황살(五黃煞)은 살기가 매우 강하며, 사고 · 부패 · 폭욕 · 마찰 · 죽음 · 질병 · 실패 등이 따른다.

4. 암검살(暗劍煞)

암검살(暗劍煞)은 년반(年盤) · 월반(月盤) · 시반(時盤)으로 오황(五黃)의 반대 방위에 있는 살을 말하는데, 작용이 매우 강하며 만사가 뜻대로 되지 않는다. 오황살(五黃煞)이 건궁(乾宮)에 있으면 암검살(暗劍煞)은 손궁(巽宮)에 있고, 오황살(五黃煞)이 곤궁(坤宮)에 있으면 암검살(暗劍煞)은 간궁(艮宮)에 있다. 오황살(五黃煞)은 자신 때문에 사고를 당하고, 암검살(暗劍煞)은 다른 사람 때문에 사고나 재난을 당한다.

제Ⅲ부.

일주론(日柱論)

일주론(日柱論)

일주론(日柱論)이란 일간(日干)과 일지(日支), 즉 일주(日柱)만으로 운명을 논하는 것을 말한다. 일주(日柱)는 그 사람의 성격을 완전하게 파악할 수 있고, 상대방의 운명을 감정하는 데도 중요한 부분을 차지하기 때문에 매우 중요하다. 그리고 사업을 하거나 동업을 하거나 종업원을 구할 때는 나의 운명과 더불어 상대의 운명을 알아야 실패가 없다. 다음부터 나오는 1·3·4…라는 숫자는 일명성(日名星)의 자백(紫白)을 생략한 것이다. 예를 들어 갑자일주의 1은 1일명성(一日名星), 3은 3일명성(三日名星), 4는 4일명성(四日名星)이라는 뜻이다.

1. 갑자일주(甲子日柱)

1. 지혜가 뛰어나며 머리회전이 매우 빠르고 말이 적은 편이다. 부모와 인연이 없고 사치와 색난으로 인한 풍파가 많다. 어릴 때 잔병으로 고생을 많이 한다.
3. 성품이 서글서글하나 싫증을 잘 내며 직업의 변화가 많다. 매사에 잘 변하는 것이 흠이다.
4. 온후하며 원만하고 인정이 많다. 인덕과 유화를 바탕으로 중용을 지킨다. 지혜가 뛰어나며 머리회전이 빠르고 말수가 적다.
6. 의지력이 강하고 행동이 대담하며 지도력이 있다. 사물을 냉정하

게 판단하며 처리하는 능력을 있다. 독립심이 강하며 남에게 간섭받는 것을 싫어한다.

7. 어질고 착한 배우자를 만난다. 현숙하며 가문과 학식이 좋고 내조를 잘 하나 어머니와 아내가 불화하기 쉽다. 남녀 모두 배우자가 직업이 일정하지 않고 노는 것을 좋아하며 사치를 좋아한다.

9. 마음이 강하고 정직하다. 온순하며 옛것을 좋아하고 자아심이 강하다. 집안과 학식이 좋은 배우자를 만난다. 여자는 고집이 세며 허무감 때문에 남편과 상합하지 못하여 이별수가 있다. 때로는 양친과 인연이 없어 조실부모하는 수가 많다

2. 을축일주(乙丑日柱)

2. 매우 소심하여 지나치게 심사숙고하다 기회를 놓치는 경우가 있다. 온화하며 부드럽고 인자하다. 내성적이며 차분하고 인화를 근본으로 알고 살아가는 사람이다.

5. 학문·예술·종교를 좋아한다. 모든 일에 소심하면서도 아내를 사랑하며 아낀다. 그러나 사주에 비겁(比劫)이 많으면 배우자가 질병이 많고 허약하여 단명할 수도 있다. 재물을 경시하며 고집이 세고 평생 액이 많아 고생이 떠나지 않는다. 항상 노력하나 고집으로 망하는 수도 있고 건강이 좋지 않다.

8. 자신의 임무를 충실히 지키며 보수적이고 근면하며 성실하다. 온순하며 인자하고 조용하면서 고상한 것을 좋아한다.

3. 병인일주(丙寅日柱)

1. 예술적인 재능과 기술적인 재능이 풍부하다. 기본적인 재물이 있어 가문을 빛내나 결혼운이 좋지 않다. 심성이 온후하나 좋은 인연을 만나기 어렵고 상속을 받아도 지키지 못한다.
3. 성품이 급하며 강하여 손해를 볼 때가 있다. 외로운 운명이라고 할 수 있다. 뒤끝이 없고 매사에 정열적이며 항상 기력이 왕성하다. 지혜가 뛰어나며 판단력이 정확하다.
4. 심성이 온후하며 원만하다. 밝고 명랑하며 인정이 많다. 예의가 바르며 마음이 넓어 상하 · 부귀 · 빈천을 가리지 않는다. 타고난 설득력을 살리는 데 보람을 느끼는 사람이다.
6. 사심이 없고 판단력이 정확하다. 기본적인 재물이 있지만 직선적인 성격 때문에 주위사람에게 좋은 평을 듣지 못한다.
7. 매사에 정열적이며 사교적이다. 교제를 소중히 여기며 대인관계를 많이 하는 편이나 실속이 없다.
9. 모든 일에 공명정대하며 꿈과 포부가 크다. 허영과 사치로 꾸미는 특성이 있어 실속은 없으나 거짓이 없고 바른말을 잘 한다.

4. 정묘일주(丁卯日柱)

1. 사치와 색난과 풍파가 많다. 지출과 낭비가 심하나 승도와 인연을 맺으면 괜찮다.
3. 매사에 이해득실이 분명하지 못하고 정신적으로나 육체적으로 건강하지 못하다. 예술이나 공상, 신비한 것을 좋아한다.

4. 양순하며 이성적이다. 여자는 온순하나 중년 이후 남편과 생사 이별하거나 가운이 기울어 해로하기 어려울 수도 있다.

6. 쓸데없는 고집을 부리며 매사에 싫증을 잘 낸다. 직업의 변화가 많으나 부동산이나 건축 등과 인연이 있다.

7. 예술이나 공상, 신비한 것을 좋아한다. 재복이 없어 저축을 하기 어렵고 지출과 낭비가 많다.

9. 해(亥)월에 태어났는데 인수국(印綬局)을 이루면 교사와 인연이 있고, 그렇지 않으면 언론계나 문예계와 인연이 있다.

5. 무진일주(戊辰一柱)

2. 총명하며 지혜가 있고 인자하나 다른 사람과 충돌을 많이 할 수 있다. 큰 인물이 될 수 있는 사람이나 형제 때문에 고심한다. 특히 여자는 부부궁이 좋지 않다.

5. 철학적인 면이 있고 주위사람들에게 결정적인 자문을 많이 해준다. 자존심이 매우 강하여 지는 것을 싫어한다. 명예욕도 대단하나 지나치면 사회적으로 고립될 수도 있다.

8. 덕망이 있어 선후배가 잘 따르나 고집이 지나치게 강하여 사회적으로 고립되기 쉽다. 지혜가 있고 총명하며 인자하다. 환경에 잘 적응하며 외교에도 능숙하다.

6. 기사일주(己巳一柱)

1. 사주에서 사오술해(巳午戌亥)를 만나면 더 확실하고, 인사오미술(寅巳午未戌)을 만나면 여색을 조심해야 한다.

3. 학문이나 예술에 소질이 있고 안정된 생활을 좋아한다.
4. 매우 고상하며 신불을 숭상하고 학문과 책을 좋아한다.
6. 독단적이며 남을 무시하는 경우가 많다. 외곬수 기질에 변화가 많고 한 번 화를 내면 좌우를 살피지 않는 사람이다.
7. 예술방면에 소질이 있으나 심하면 미신에 빠지기 쉽다. 자존심이 강하며 금전을 많이 쓴다. 상속받은 재산이 있어도 일단은 탕진하고 강한 독립심으로 자력으로 성공한다.
9. 명예욕이 강하며 남에게 지기 싫어한다. 독립심이 강하여 자수성가할 사람이다.

7. 경오일주(庚午一柱)

1. 배우자 때문에 풍파가 많다. 인묘사오(寅卯巳午)월생이면 치질·맹장·장질부사 등을 조심해야 한다. 남녀 모두 배우자의 직업이 일정하지 않아 전전긍긍한다.
3. 멋쟁이나 아집이 대단히 강하고 의심도 많다. 매사에 끈기가 부족하여 용두사미가 되기 쉽다.
4. 온화하여 친밀해지기도 쉽지만 헤어지기도 쉬운 사람이다.
6. 자신이 감당하기 힘든 일은 거부하는 기질이 있으나 약자를 보면 도와준다. 멋쟁이나 고집이 대단히 강하며 의심이 많고 치밀하다.
7. 영민하며 임기응변이 뛰어나다. 자수성가할 사람으로 사회활동을 많이 한다. 그러나 사주에 정유(丁酉)가 있으면 복력이 온전

하지 못하다.

9. 인물이 특출하며 관공직에 길하다. 그러나 용두사미격으로 호언장담을 잘 하나 막상 문제가 생기면 잘 처리하지 못한다.

8. 신미일주(辛未一柱)

2. 소극적인 것 같으면서도 적극적인 면이 있고, 재주가 있으나 남이 알아주지 않는다. 단순하며 갈등이 많고 이기적이다. 대개 생활이 선대보다 못한 사람이 많으나 년월(年月)에 생왕(生旺)이 있으면 앞으로 발전할 수 있다.

5. 매우 견실하며 혼자 청청하기 때문에 보편적인 교제가 어려우나 인정이 많다. 남에게 지기 싫어하고 성질이 까다로우며 자존심이 강하다. 학문을 즐기며 기술에 소질이 뛰어난 사람도 있다.

8. 부귀한 집에서 태어나도 집안이 몰락하며 부모와 이별하기 쉽다. 그러나 재물은 있고, 자비심은 있으나 고집과 자존심이 강하다.

9. 임신일주(壬申一柱)

1. 신체가 허약하다. 특히 폐질환을 조심해야 한다. 두 어머니를 섬길 수도 있고 부부간에는 이별수가 있다. 건강이 좋지 않아 음식이나 물 때문에 탈이 잘 나고, 돈을 경시하니 적자생활이다.

3. 머리회전이 매우 빠르고 끊임없이 새로운 것을 추구한다. 적극적인 성격으로 모든 일을 파죽지세로 밀고나간다.

4. 성품이 온후하며 총명하다. 매사 원만하며 인망도 있고 인자하다. 그러나 차갑고 냉정하며 신경질적인 면도 있다.

6. 착하고 인자하여 손해를 보기도 한다. 그러나 냉정하며 차갑고 신경질적인 면도 있다.
7. 한마디로 경박하며 경솔하다. 어떤 일이든 손을 잘 대고 재주도 비상한 사람이다.
9. 인망도 있고 예술이나 기술적인 재능도 있다.

10. 계유일주(癸酉一柱)

1. 부부간에 생사이별수가 있고, 사주에 무인(戊寅)이 있으면 만사가 좋지 않다.
3. 매사에 싫증을 잘 내고 변화가 많으며 주색을 좋아한다.
4. 항상 혼자 조용히 있는 것을 좋아하나 어떤 일이든 집착이 강하다. 매우 청백하고 깨끗하여 아름다운 형상이다.
6. 매우 청백하고 깨끗하나 어떤 일이든 집착이 강하다.
7. 술을 즐기며 공상이 많다. 남을 의심하며 여자는 첩살이를 하는 수가 있다.
9. 사심이 없고 정직하며 매사에 몰두하는 편이다. 남을 위하여 희생하나 결과가 좋지 않고 구설이 따른다.

11. 갑술일주(甲戌一柱)

2. 모든 일을 미루지 않고 처리하는 성격이며, 남의 일에 적극적으로 봉사하며 희생한다. 사람을 한 번 믿으면 끝까지 믿으나 아내를 여럿 둘 운명이다.
5. 자립심이 강하고 만인을 지휘한다. 직선적이며 독선적이나 격한

일은 좋아하지 않는다. 때가 지난 일에 손을 잘 대고 사교에도 명수이나 큰 꿈보다는 현실에 만족하는 사람이다.

8. 허영심이 많고 재물을 가벼이 여긴다. 특히 남자는 풍류와 주색을 즐기며 토론을 좋아한다. 온화하며 부드럽고 인정이 많으나 모든 일에 장애가 많다. 남의 일에 적극적으로 봉사하며 희생하는 마음이 강하다.

12. 을해일주(乙亥一柱)

1. 본인은 어려우나 학식이 높고 집안이 좋은 배우자를 만난다. 어머니의 덕이 있으나 여자는 자식의 도움을 받기 어렵다.
3. 창작력이 뛰어나고 식복이 많다.
4. 어질며 조용하나 쓸데없는 걱정이 많고 변화가 많다.
6. 교육계와 인연이 있으나 어머니와 아내가 불화한다.
7. 예지력이 있고 꿈이 잘 맞는 편이다. 인정은 많으나 봉사정신이 희박하니 봉사하는 마음을 키워야 한다.
9. 생각은 깊으나 실천력이 약하여 결과가 좋지 않다. 끈기와 배짱이 없고 공상을 좋아한다. 학문과 예술을 즐기며 창의력은 있으나 재복이 약하다.

13. 병자일주(丙子一柱)

1. 남자는 아내에게 의지하는 경우가 많고, 여자는 백두낭군에 풍류부군을 두거나 심하면 본인이 소실생활을 한다. 성품이 소심하여 일에 실패하면 좌절하기도 한다.

3. 성품이 소심하여 실패하면 좌절하기도 한다. 매사 시작은 있으나 마무리를 못하는 경우가 많다.
4. 기력이 왕성하고 설득력을 타고나 사교와 교제에 뛰어나다.
6. 타협할 줄 모르며 실속이 없고 직선적이라 주위사람들에게 좋은 평을 듣지 못한다. 성격도 급하여 말이 앞서고 때로는 아는 체를 잘 한다. 위가 약하여 변비나 설사가 자주 생긴다.
7. 말이 많아 구설이 따르고 음성이 높아 오해를 받기 쉽다. 말이 씨가 되는 경우가 많으니 조심해야 한다.
9. 용모가 단정하며 수려하고 팔방미인이 많다. 매사에 정열적이며 판단력이 정확하고 지혜가 뛰어나다. 여자는 남편덕이 있다.

14. 정축일주(丁丑一柱)

2. 침착하며 총명하고 머리회전이 빠르며 지혜가 뛰어나다. 외유내강 성격으로 인정도 많다. 생활력이 강하여 여자는 남편을 먹여 살린다. 사교술이 뛰어나고 예술에도 소질이 있다.
5. 새로운 것이나 독자적인 것에 힘쓰며 자수성가할 사람이다. 근면하며 성실하고 온후하며 양순하다. 사교술이 뛰어나며 생활력이 강하다. 자기 주장을 잘 하는 편이며 다소 사치스러운 면이 있다. 남자는 박복한 운명이다.
8. 겉으로는 약해 보이나 속으로는 아주 강하며 무에서 유를 창조하는 힘이 있다. 언론이나 문예계와 인연이 있고, 사주에 재성(財星)이 많으면 문방이나 서화가와 인연이 있다.

15. 무인일주(戊寅一柱)

1. 머리가 좋은 편이나 여자는 풍류를 즐기는 남편을 만나 고심한다. 미신숭배에 빠질까 염려된다.
3. 성질이 조급하나 물욕은 없다. 겉으로는 강한 것 같으나 속으로는 유약하다. 성격이 소심해서 큰 일을 하지 못하며 쉽게 포기하는 경우가 많다.
4. 인망이 높고 신용이 있으며 머리도 좋은 편이다. 욕심이 없어 보이나 강하며 꿈과 이상이 높고 자존심이 강하다.
6. 성품이 온후하며 총명하고 어질다. 인자함을 근본으로 삼고 살아가는 사람으로 인망이 높다.
7. 예술적인 재능이 있고 낙천적이며 인정이 많다.
9. 꿈과 포부가 크다. 인격은 고상하며 관후하고, 사주에 을묘(乙卯)가 있으면 복력이 심후하다.

16. 기묘일주(己卯一柱)

1. 어릴 때부터 부모와 인연이 약하다. 특히 여자는 중·말년에 부부간에 이별하며 파산하는 경우도 많다.
3. 심성이 약하고 변덕이 많다. 남에게 의지하거나 비굴할 정도로 겸손하다. 남 앞에서 수줍어하는 성격 때문에 자신의 힘이나 주장을 펴지 못한다.
4. 온후독실하며 양순하다. 고요함을 즐기나 어릴 때부터 시력이 약하다. 일주(日柱)가 약하면 불의의 화를 당하기 쉽다.

6. 성격이 소심하며 자존심이 매우 강하고 남을 멸시한다.

7. 고요함을 즐기나 청소년기에 양친과 생사이별수가 있다. 항상 공상이 많고 무력하다.

9. 매사에 분쟁이 일어나며 재화를 만나는 경우가 많다. 체력과 능력이 약하여 결실을 맺지 못한다. 소심하며 심성이 약하다.

17. 경진일주(庚辰一柱)

2. 온화하며 양순하면서도 사교에 능하다. 음식업이나 타자기술과 인연이 있고, 신해자(申亥子)월생이면 조상의 업과 인연이 있다.

5. 의협심이 강하며 만사에 자신만만하고, 에너지가 충만하여 일을 강하게 추진한다. 그러나 금전운은 그리 좋지 않은 편이다.

8. 의협심이 강하며 허풍과 과장이 많아 무슨 일이든 큰 소리를 잘 친다. 그러나 약자를 도와주는 편이며 꿈과 이상이 높고 조화가 비상하다.

18. 신사일주(辛巳一柱)

1. 여자는 의처증이 심한 남편을 만나 아이를 낳고 도망하는 경우가 있다. 심하면 첩살이를 하기도 한다.

3. 기술적인 재능이 풍부하다. 성급하며 결단력은 없으나 판단이빠르고 집념이 강한 편이다.

4. 온후하며 총명하고 판단이 빠르며 매사에 원만하다.

6. 자존심이 강하며 강직하고 단정하며 고상하나 성급하며 결단력이 부족한 것이 흠이다.

7. 인망이 있고 예술이나 기술적인 재능도 풍부하다. 그러나 중독성이 강하여 마약 등에 빠지면 헤어나기 어렵다.
9. 온후하고 총명하며 판단이 빠르다. 그러나 노력에 비해 공이 적고, 쓸데없는 걱정을 많이 하고, 남의 말을 잘 듣지 않는다.

19. 임오일주(壬午一柱)

1. 호기심과 연구심이 왕성하다. 의식도 걱정이 없고, 아내덕으로 재산을 모은다.
3. 온후하며 유순하다. 머리회전이 빠르고 새로운 것을 좋아한다.
4. 사려가 깊지 못하며 쉽게 친해지고 쉽게 헤어진다.
6. 부부궁이 불미하여 이별수가 있고, 사주에 재살(財殺)이 너무 왕성하면 기관지에 병이 생긴다.
7. 유머와 인간미가 넘치나 즉흥적이며 많이 벌고 많이 쓴다.
9. 머리회전이 빠르며 호기심과 연구심이 왕성하다. 유머와 인간미가 넘친다.

20. 계미일주(癸未一柱)

2. 성격이 원만하며 두뇌가 비상하다. 권모술수가 뛰어나나 야망은 크지 않고 현실에 만족하는 사람이다.
5. 두뇌가 비상하고 잠을 늦게 자는 편이다. 성품이 온화하면서도 양순하고 사교에 능하나 부모와 인연이 희박하다.
8. 몸이 약하고 실패가 많다. 마음이 강하지 못하여 남에게 이용을 당하기 쉽다. 부모와 이별수가 있고 거처가 일정하지 않다. 사회

적으로 하천한 생활을 할 수 있다.

21. 갑신일주(甲申一柱)

1. 성품이 결백하고 머리가 총명하며 영리하고 재주가 비상하다. 그러나 좌절과 실패, 배신 등의 기복이 많다.
3. 변화가 심하며 남의 말을 잘 듣는다. 매사 충동적이며 용두사미격이다.
4. 부부간에 불화 · 이별 · 별거수가 있고, 타향에서 고생이 많다.
6. 성격이 급하고 권태를 잘 느끼며 남을 무시한다. 재주를 과시하다 배신과 실패를 당할 수 있다.
7. 신체가 불구이거나 허약한 경우가 많다. 살아가는데 흥패가 있으나 신체가 작으면 무관하다.
9. 재주가 너무 많은 것이 흠이고, 남에게 잘 속는다. 부모의 유업을 계승하지 못하고, 타향에서 고생을 많이 한다.

22. 을유일주(乙酉一柱)

1. 깔끔하고 단정하며 유순하나 소심한 편이다. 대개 생활력이 강하나 생활이 불안정한 편이다.
3. 총명하며 영리하나 성격이 조급하고, 마음이 유순하나 매사에 소심하다.
4. 남을 위하여 노력하나 결과가 좋지 않고, 모든 일에 방해자가 많아 뜻대로 되지 않는 경우가 많다.
6. 색을 좋아하는 편이며 성격이 조급하다. 매사에 침착하면서 인내

와 끈기를 키워야 한다.

7. 성품이 청백하며 단정하고 깔끔하다. 총명하며 영리하다.
9. 정직하며 사심이 없고 깨끗하며 아름다운 형상이다. 관직에서 출세하는 수가 있으나 인덕이 없다.

23. 병술일주(丙戌一柱)

2. 온화하며 근면하고 성실하나 경솔하며 흥분을 잘 한다. 차분한 마음으로 노력해야 한다.
5. 성품이 온화하며 사람을 끝까지 믿는다. 내성적이며 낙천적이다.
8. 예체능 방면에 소질이 있고, 낙천적이나 조급한 면도 있다. 남의 일에 간섭을 잘 하며 쓸데없이 일을 잘 저지른다.

24. 정해일주(丁亥一柱)

1. 여자는 현명한 경우가 많다. 인정이 많고 영민하며 임기응변에 뛰어나나 남에게 잘 속는다.
3. 성질이 급하며 충동적이고 변화가 많다. 권태를 잘 느끼며 매사에 용두사미가 되기 쉽다.
4. 조용하며 이성적이고 온후하며 독립심이 강하다. 예지력이 뛰어나고 꿈이 잘 맞는 편이며 신앙심이 돈독하다.
6. 대개 용모가 잘난 사람이 많다. 소심하면서 겁이 많아 공직에는 좋으나 사업은 인연이 없다.
7. 대개 잘난 사람이 많으나 체질이 약해 질병이 있다. 여자는 현명한 경우가 많으나 시부모나 남편과 뜻이 맞지 않는다.

9. 성질이 영민하며 임기응변이 뛰어나나 남에게 잘 속는다. 고생이 많으나 자수성가한다.

25. 무자일주(戊子一柱)

1. 호기심과 연구심이 많고 머리가 총명하며 유머와 인간미가 있다. 절개와 지조를 중요하게 여기며 평범한 것에 만족한다.
3. 성격이 급하고 행동이 민첩하나 경솔한 면이 있다. 좋아하거나 싫어하는 것을 분명히 하는 사람이다.
4. 성품이 중후하며 주체가 강하고 신용과 의리를 잘 지킨다. 절개와 지조를 중요하게 생각하며 중심이 있다.
6. 다소 접근하기 어려운 냉정한 인상이며 무뚝뚝한 편이다. 자신의 생각을 독자적으로 밀고나가며 타협하지 않는 편이다.
7. 과시욕이 강하며 매사에 겁이 없고 평범한 것에 만족하지 않는다. 욕심부리다 실패할 수 있으니 순리를 따르라.
8. 말이 없는 편이며 대중의 존경을 받는다. 금전운이 좋고 관리를 잘 하여 재산을 모은다. 중개역할도 잘 한다.
9. 학자타입으로 철학적인 면이 있다. 다른 사람들에게 결정적인 자문을 많이 해준다.

26. 기축일주(己丑一柱)

2. 시야가 좁고 의심이 많으나 가정적으로나 사회적으로 희생하며 인내심이 강하다. 어두운 면은 있으나 평생 큰 기복은 없다.
5. 순진하며 부드러우나 까다로운 편이다. 착실하며 온화하고 침묵

하는 편이다. 겸손하며 양심적이다. 총명하며 말수가 적고 근면하며 성실하다. 항상 중용을 지킨다.

8. 돈 욕심도 많고 재복도 많고 쓸 곳도 많은 편이다. 저축심이 강하며 일을 할 때는 빈틈이 없으나 항상 근심 걱정이 많다.

27. 경인일주(庚寅一柱)

1. 인자하며 꿈이 크고 기본적인 명예와 재물이 따르는 사람이다. 그러나 색을 좋아하며 남의 충고를 잘 듣지 않는다.
3. 성질이 급하며 권태를 잘 느끼고 변화가 많다. 매사 용두사미가 되고 남에게 잘 속는다.
4. 꿈과 포부가 크나 억지로 일을 성사시키는 특성이 있다. 항상 불안하며 교제에는 미흡하다.
6. 의리와 인자함을 근본으로 삼고 살아가는 사람이다.
7. 재관(財官)을 겸비해 기본적인 명예와 재물이 따른다.
9. 허영심이 많고 금전을 경시하며 노는 것을 좋아한다. 정치나 외교 방면에 적합하다.

28. 신묘일주(辛卯一柱)

1. 날카롭고 결단력이 강하며 매사에 곧은 편이라 주위사람이 싫어한다. 인자함을 기르는 것이 좋다.
3. 마음은 고우나 항상 불안하고 체념을 잘 하며 경솔하다. 활동력이 강하여 집에 가만히 있지 못한다.
4. 성품이 냉정하여 보편적인 교제가 어렵다. 행동력과 활동력이 풍

부하다. 모든 일에 단호하게 행동하는 것은 좋으나 때로는 경솔한 판단으로 큰 실수를 하기도 한다.

6. 한 번 결심하면 반대가 있어도 자신의 뜻을 관철시키는 고집이 있다. 성품이 온순하며 부드럽고 약해 보이나 속으로는 강하며 개성이 많고 의리가 있다.
7. 항상 안정되어 보이지만 초조하며 경솔한 면이 있다. 마음이 깨끗하며 새 것과 예쁜 것을 좋아한다.
9. 성품이 온순하며 부드럽고 약해 보이나 속으로는 강하며 개성이 풍부하고 의리가 있다. 인정이 많고 지성미가 있다. 법·종교·철학 등과 인연이 있다.

29. 임진일주(壬辰一柱)

2. 내성적이며 꿈과 이상이 높고 총명하며 영리하다. 그러나 성질이 조급하며 매사 걱정이 많고 즐거움이 적은 사람이다.
5. 고집이 강하며 허영과 낭비가 많다. 자신이 확실하다고 생각하기 때문에 남에게 지지 않으려 한다. 지혜는 있으나 조급하며 인색하고, 솔직함 때문에 손해를 보는 경우가 있다.
8. 내성적이며 재주가 비상하다. 모든 일에 자신을 갖고 살아가며 꿈과 이상이 높다.

30. 계사일주(癸巳一柱)

1. 여자는 부부운이 순탄하지 못하여 일찍 이별의 슬픔을 느낄 수도 있다. 그러나 남자는 내성적이며 가정작이고 아내덕이 있다.

3. 의처증이 심한 남편을 만나고, 심하면 소실이 될 수도 있다.
4. 주어진 임무를 충실히 해낼 뿐 아니라 매사 독창성을 발휘한다. 실속있는 사람이다.
6. 외곬수이나 변화가 많다. 한 번 화가 나면 앞뒤를 살피지 않는다.
7. 독창성이 있고 말수가 적으며 실속이 있다.
9. 성품이 바르며 총명하고 매사에 치밀하다. 자신을 잘 관리하며 살림도 잘 한다. 어느 정도의 능력도 갖춘 사람이다.

31. 갑오일주(甲午一柱)

1. 총명하며 영리하고 수단이 좋으나 소심하다.
3. 성질이 급한 편이고 부부간의 인연도 좋지 않다. 남을 위해 좋은 일을 많이 하나 결과는 좋지 않다.
4. 영리하며 총명하고 수단이 좋으나 적극성과 결단력이 부족하다.
6. 아집이 대단히 강하며 자기 자신을 올려 세우고 남을 무시하면서 억누르는 기질이 있다.
7. 멋쟁이면서 주색을 좋아한다. 남자는 아름다운 배우자를 만난다. 여자는 부부간에 생사이별수가 있고, 남편이 어리석거나 직업이 일정하지 못한 경우도 있다.
9. 학문 · 예술 · 기술 방면에 남다른 소질이 있으나 오만불손하고 멋대로 꾸미는 일을 잘 한다.

32. 을미일주(乙未一柱)

2. 부드럽고 섬세하다. 겉으로는 차분하며 욕심이 없어 보이나 속으

로는 욕심이 많다. 치밀하여 모든 일을 잘 처리한다.

5. 내성적이며 차분하다. 매사 치밀하게 처리하며 정복력이 강하다.

8. 침착하지 못하며 신경질적인 면이 있다. 사주에 비겁(比劫)이 많으면 돈에 인색하고, 일을 능숙하게 처리하나 실속은 없다.

33. 병신일주(丙申一柱)

1. 노력에 비해 결과가 좋지 않고, 재주가 너무 많은 것이 오히려 흠이 된다.

3. 끊임없이 새로운 것을 추구하나 경박할 정도로 아무 일에나 손을 댄다.

4. 노력에 비해 결과가 좋지 않고, 건강도 좋지 않다. 소아마비 등 팔다리에 이상이 생기기 쉽다.

6. 마음은 착하나 허영과 낭비가 심하며 외부내빈격이다. 사주에 비겁(比劫)이 많으면 질병이 많고 노는 것을 좋아하는 배우자를 만난다.

7. 겸소하나 매사 끈기가 부족하고 노력에 비해 공이 적다. 그러나 남자는 아내덕과 재물복이 있다.

9. 마음이 착하고 머리회전도 빠르나 허영과 낭비가 심하다. 성격이 불같이 급하며 허황된 욕심이 많다.

34. 정유일주(丁酉一柱)

1. 마음은 착하나 무슨 일이든 남에게 미루고 주색을 좋아한다.

3. 성질이 급하며 결단력이 부족하다. 평생 기복이 심하다.

4. 총명하며 지혜롭고 명랑하다. 청백하며 정직하고 사심이 없다.
6. 참을성이 없어 사회생활하는데 문제가 많다. 여자는 시부모덕으로 일생이 길하고, 귀자를 낳아 안락하게 산다.
7. 자비심은 있으나 허영과 낭비가 심하다. 참모역할이 적당하다.
9. 정직하며 사심이 없다. 의식이 풍족하며 금전운도 좋다.

35. 무술일주(戊戌一柱)

2 내성적이며 매사에 인색하나 활동력은 왕성하다. 사치와 낭비가 심하나 항상 바쁘게 생활하며 저축하는 마음이 강하다. 재물을 모으는 데도 남다른 재주가 있다. 수중에 돈이 없으면 안절부절하는 성격이다.
5 의식은 충만하나 마음이 항상 바쁘다. 자기 주장이 강하고 사람을 한 번 믿으면 끝까지 변함이 없으나 사치와 낭비 때문에 극단적인 삶을 살기도 한다.
8. 내성적이나 활동력이 왕성하며 상하의 존경을 받는다. 누가 보아도 부러워할 정도의 인격자다. 평생 큰 변화나 기복이 없다.

36. 기해일주(己亥一柱)

1. 부지런하며 실속이 있고 인정이 많다.
3. 유순하며 온순하고 지혜와 예지력이 뛰어나고 현실적이다.
4. 부지런하나 오직 자기 가족만 챙긴다. 현실적이며 재물운도 좋은 편이다.
6. 고집이 강하고 성질이 급하여 손해를 보는 경우가 있으나 돈을

쓰는 데는 자린고비다.

7. 재복과 식복은 있으나 성질이 급하고 변화가 많다.
9. 고집과 욕심이 많고 위락과 주색을 탐하나 재물운은 좋다.

37. 경자일주(庚子一柱)

1. 결단력은 없으나 예지력이 풍부해 예방하는 특징이 있다. 여자는 남편덕이 없거나 돈을 벌어야 하는 경우가 많다.
3. 성질이 급하고 결단력이 부족하나 좋다고 생각하면 빨리 처리하는 습성이 있다.
4. 지나치게 정확하고 완전한 것을 좋아한다. 손재주는 좋은 편이나 상대방을 무시하는 경향이 있어 가끔 시비구설이 따른다.
6. 의리와 투쟁력이 강하고 대인의 성품을 지닌 사람이다. 그러나 좋은 일을 하고도 욕을 먹는 경우가 있다.
7. 예지력은 풍부하나 작은 일에도 화를 잘 내고 변화가 많다.
9. 영리하며 청백하고 명예욕이 강하나 돈이 따르지 않는다.

38. 신축일주(辛丑一柱)

2. 매사에 근면하며 성실하다. 항상 허리나 다리가 아프고 밤잠이 없다. 다소 변덕스럽고 공주병이 있다.
5. 매우 견실하여 좀처럼 실수를 하지 않는다. 겉으로는 모든 일을 참으며 순종하는 것 같으나 속으로는 훌륭한 행동력이 잠재되어 있다. 고집이 세며 남에게 절대 지지 않으려고 한다.
8. 활동은 많이 하나 재운은 좋지 않다. 혼자 청청하려고 하기 때문

에 보편적인 교제가 어렵다.

39. 임인일주(壬寅一柱)

1. 온순하며 조용하다. 여자는 부부사이에 틈이 생겨 이별하거나 소박을 당할 수도 있다.
3. 착하며 지혜가 뛰어나다. 예의가 있고 식복이 많다.
4. 심성이 온후하며 낙천적이고 예의가 바르다.
6. 예의가 바르고 동정심이 많아 인간관계가 좋다. 인정이 많고 인생을 부드럽게 살아가는 사람이다.
7. 동정심이 많고 인간관계가 좋다. 온화하며 남을 도울 줄 안다. 식복도 좋고 잘 먹고 노는 것도 좋아한다.
9. 꿈과 포부가 크나 생각만큼 성과를 거두지 못한다. 도량이 넓고 부자가 많다.

40. 계묘일주(癸卯一柱)

1. 남자는 의지력이 약하며 주색을 즐기고, 여자는 남편에게 헌신적이며 음식 만드는 취미가 있다.
3. 재주는 많으나 얻는 것이 별로 없고 결단력이 부족하다.
4. 양순하며 이상적인 성품이다. 조용하게 담소하는 것을 좋아하고, 예술과 문학에 취미가 있으며 재치가 있다.
6. 총명하며 남을 공경하는 착한 마음이 있다. 술책 따위로 출세하는 것을 싫어하는 사람이다.
7. 재치꾼으로 조용하며 후덕하고 아름다운 것을 좋아한다.

9. 집에 대한 욕심이 많고 이상적인 삶을 좋아한다. 가정적인 불만으로 자신도 모르게 엉뚱한 생각을 할 수도 있다.

41. 갑진일주(甲辰一柱)

2. 남녀 모두 똑똑하다. 남자는 처첩의 유혹에 빠져 뜻하지 않은 손재를 보는 경우가 있고, 여자는 온순하며 내성적이고 보수적인 성품으로 시부모를 잘 모신다.
5. 명랑하며 호탕하고 인정이 많다. 금전을 다스리는 능력이 있고 융통성도 풍부하다.
8. 주식이나 부동산 등의 재물을 다스리는 능력은 뛰어나나 적극성이 부족하여 큰 일을 하기는 어렵다.

42. 을사일주(乙巳一柱)

1. 여자는 첩살이를 하는 경우가 있고, 평범한 가정을 꾸미면 부부간에 불만이 많고 변덕이 심하다.
3. 남의 말을 잘 듣지 않고 변화가 많다.
4. 소극적이며 온순하고 얌전하다.
6. 동정심이 많고 인간관계는 좋으나 외곬수이며 남의 말을 잘 듣지 않는다.
7. 온순하고 얌전하나 소극적이며 신병으로 고생한다. 사주에 사오술해(巳午戌亥)가 있으면 미신에 빠질 염려가 있다.
9. 성품이 여성스럽고 남에게는 존경을 받으나 고향과 부모와는 인연이 박하다.

43. 병오일주(丙午一柱)

1. 사회생활은 원만하나 부부간에 갈등이 그치지 않아 가정이 화목하지 못하다.
3. 쾌활하며 적극적이고 화려한 것을 좋아한다. 성격이 급하며 나서기를 좋아한다.
4. 총명하며 언변이 능수능란하고 남에게 간섭받는 것을 싫어한다.
6. 항상 불평이 많고 자신을 내세우려고 한다. 아집과 고집이 대단하여 매사에 자만할까 걱정이다.
7. 언변이 좋고 쾌활하며 적극적이고 화려한 것을 좋아한다. 성격이 급하며 나서기를 좋아하나 개방적이며 부지런하다.
9. 총명하며 승부욕이 강하나 독자적으로 행동하며 남에게 간섭받는 것을 싫어한다.

44. 정미일주(丁未一柱)

2. 총명하며 영리하고 인자하며 선량하다. 그러나 유혹에 빠져 뜻하지 않는 손재를 보는 경우가 있고, 복잡한 것을 싫어한다.
5. 총명하며 영리하고 내성적이며 온화하다. 인정이 많고 보수적이며 부지런하다. 비밀이 없고 개방적이라 마음 속에 담아 두거나 비밀을 지키지 못한다.
8. 적극성이 부족하고 때로는 유혹에 빠져 뜻하지 않은 손재를 당하기도 한다. 여자는 단정하며 덕이 있어 좋은 배우자를 만날 수 있고, 사교와 화술이 좋고 친절한 편이다.

45. 무신일주(戊申一柱)

1. 머리회전이 빠르고 끊임없이 새로운 것을 추구한다.
3. 새로운 것에 관심과 호기심이 많고 재주가 뛰어나다.
4. 사업을 하면 크게 성공할 수 있다.
6. 심장이 강하고 성품이 강직하여 큰 인물이나 정치가의 기질이 있다. 식복도 많으나 상대방을 무시하는 경향이 있다.
7. 경박할 정도로 무슨 일에나 손을 잘 댄다. 한마디로 사려가 부족한 사람이다.
9. 머리회전이 빠르고 동정심이 많아 인간관계는 좋다. 그러나 부모덕도 약하고 부부운도 불길하여 이별수가 있다.

46. 기유일주(己酉一柱)

1. 무슨 음식이든 잘 먹는 편이다. 매사에 너무 치밀하고 세심한 것이 흠이다.
3. 성질이 급하며 결단력도 부족하다.
4. 마음이 깨끗하고 정직하며 사심이 없다.
6. 누구에게나 상냥하고 친절하나 마음이 산란하고 근심이 있다.
7. 예체능 방면에 소질이 있고 매사 자기 주관대로 살아간다.
9. 차남이라도 상속을 많이 받는다. 형제와 인연이 좋고 타인과도 친애력이 있다. 그러나 남의 일에 관심이 많고 간섭을 많이 한다.

47. 경술일주(庚戌一柱)

2. 겉으로는 부드러운 것 같으나 강경하며 돌진하는 사람이다. 그러

나 적극성이 부족할 때가 있고 상대방을 잘 믿는 것이 흠이다.

5. 온순하며 내성적이고 보수적이다. 남에게 도움을 주며 공을 세우기를 좋아한다. 고집이 강하며 남의 말을 듣지 않다가 불행을 초래하는 수가 있다.

8. 자비심이 많고 부모의 유산을 잘 지킨다. 대장부다운 기질이 있고 정의감이 투철하다. 모든 일을 두려워하지 않고 정열적으로 밀고 나가나 때로는 그로 인하여 좌절하기도 한다.

48. 신해일주(辛亥一柱)

1. 여자는 남편과 자식복이 없다. 심신이 건강하지 못하고 부모와의 인연도 약하다.

3. 직업에 변동이 많고 자기 주장대로 행동한다.

4. 이성적이며 착하고 지혜롭다. 항상 중용을 지키며 동정심과 인정이 많아 인간관계가 매우 넓고 좋다.

6. 흑백이 분명하고 독립심이 강하며 지혜롭고 착실하게 생활한다.

7. 예술을 좋아하나 고독하다. 재복은 좋으나 스스로 거부하고, 타인의 조언을 듣지 않는다.

9. 마음과 심성이 깨끗하나 구설수가 있다.

49. 임자일주(壬子一柱)

1. 좌절과 권태를 쉽게 느끼고, 마음이 안정되지 않는 경우가 많다.

3. 성격이 활발하며 돈을 잘 쓴다.

4. 환경에 잘 적응하고 대인관계도 좋다. 고집이 강하며 속이 깊고

이해심과 통솔력이 강하며 포용력이 있다.

6. 성품이 지나치게 강인하다. 함부로 권위를 휘두르다 인간관계를 망치는 경우가 많다.
7. 평생 손재수가 따라 돈이 잘 모이지 않는다.
9. 총명하며 영리하고 인내심과 담력과 지혜가 있다

50. 계축일주(癸丑一柱)

2. 총명하며 영리하고 온순하다. 매사에 순종하며 조용히 노력하는 형이다. 상대방의 기분을 잘 살핀다.
5. 예의를 잘 지키나 고집이 세고 소심하며 소극적이다. 상대방의 기분을 살피며 조화시켜려는 마음이 대단히 좋은 사람이다.
8. 총명하며 활발하고 예의가 있다. 겉으로는 조용한 것 같으나 속으로는 활발하다. 그러나 표현을 다하지 못하는 편이다.

51. 갑인일주(甲寅一柱)

1. 인정이 많으나 자아심 때문에 부부간에 갈등이 있다.
3. 통솔력과 배짱이 있으나 남에게 지기 싫어하다 손해를 본다.
4. 성품이 온후하며 원만하고 총명하며 고결하다. 항상 박력과 배짱이 두둑하고, 손이 커서 적은 것은 양이 차지 않는 사람이다.
6. 독립심이 강하여 자수성가한다.
7. 남에게 지기 싫어하고, 아버지의 사업이 부진하다 손실을 본다.
9. 총명하며 통솔력과 배짱이 좋고 자아심과 독립심이 강하다.

52. 을묘일주(乙卯一柱)

1. 재물을 탕진하면 아내를 해하고 복력이 심후한 수가 있다.
3. 겉으로는 부드러우나 속으로는 강하고 승부욕도 매우 강하다.
4. 성실하며 치밀하고 분명하다. 신념이 강하며 매사에 끊고 맺음이 분명하다.
6. 외유내강형이며 독립심이 강하며 대쪽 같다.
7. 결백하며 결단력이 있으나 성사되는 일은 그다지 많지 않다.
9. 남의 간섭을 싫어하고 승부욕이 대단히 강하다.

53. 병진일주(丙辰一柱)

2. 진실하고 착하다. 모든 일에 비밀이 없고 적극적이다.
5. 명예욕이 강하며 남에게 지기 싫어하고 꿈과 이상이 높다.
8. 붙임성은 없으나 말없이 실천한다. 꿈과 이상이 높고 조화가 비상한 사람이다.

54. 정사일주(丁巳一柱)

1. 정신력과 자존심이 강하여 자신만을 믿고 남의 말을 듣지 않는다. 화가 나면 자신도 모르게 흥분하고, 투기심과 요행심이 있다.
3. 치밀하며 민첩하고 판단이 빠르나 화가 나면 자신도 모르게 흥분한다.
4. 겉으로는 온화하며 부드러운 것 같으나 시기와 질투가 있다.
6. 자존심과 정신력이 강하나 요행심이 많고 자기 힘만을 믿고 잘난 체하는 사람이다.

7. 남편이 고집이 강하면 자신이 병이 들어 불화의 씨앗이 된다.

9. 정신력이 강하고 눈빛이 강력하나 투기심과 요행심이 있다.

55. 무오일주(戊午一柱)

1. 장자라도 상속권이 없고 양자로 가거나 타향살이를 한다. 만약 생가를 상속받으면 부부간에 변하기 쉽다.

3. 좋고 싫음이 분명하고 남의 간섭을 싫어하여 독자적으로 행동한다. 승부욕이 대단히 강한 사람이다.

4. 총명하며 영리하고 냉철하나 조급하며 허영심이 있다.

6. 배짱이 두둑하며 남에게 지지 않으려 하고, 인덕과 아내덕이 좋은 편이며 덕망이 있다.

7. 건강한 편이나 고집이 너무 세고 매사 좋고 싫음이 분명하다.

9. 머리는 총명하나 자존심이 너무 강하고 남의 간섭을 싫어한다.

56. 기미일주(己未一柱)

2. 심약하나 유순하며 거짓이 없다. 그러나 욕심이 많고 쓸데없는 걱정을 많이 한다. 평생 굴곡이 많고 입맛이 까다로운 편이다.

5. 총명하며 온순하고 내성적이다. 보수적이며 정복력이 매우 강한 사람이다.

8. 이기적이면서도 쓸데없는 걱정과 고생을 많이 한다. 겉으로는 유순해 보이나 철저한 성격이다. 모든 것을 포기하지 않고 인내하면서 끈질기게 버텨나간다.

57. 경신일주(庚申一柱)

1. 성품이 좋아 칭찬을 많이 받는다. 겉으로는 대단히 강한 것 같으나 속으로는 아주 유순한 사람이다.
3. 겉으로는 유순해 보이나 속으로는 아집이 있고 자수성가한다.
4. 총명하며 온후하다. 독립심이 강하여 자수성가한다.
6. 성격이 담백해 사람들이 좋아한다. 배짱도 좋고 결단력도 있다.
7. 성격이 강력하며 싸움을 좋아한다. 재복이 약하여 재산을 모으기는 어렵다.
9. 유순하며 결단력도 있으나 강력한 성품 때문에 손해를 보는 경우가 많다.

58. 신유일주(辛酉一柱)

1. 정직하나 고집이 강하여 여자는 남편과 살아가기 어렵다.
3. 재치가 있고 민첩하며 똑똑하다.
4. 자존심이 강하고 깔끔하며 실속을 차리는 아름다운 사람이다.
6. 강한 자존심과 고집으로 자신이 최고라고 생각하면서 자기 마음대로 행동하는 사람이다.
7. 실리를 추구하며 돈도 잘 쓰나 단순한 것이 흠이다.
9. 명예욕이 매우 강하고 남에게 지기 싫어하며 실속이 있다.

59. 임술일주(壬戌一柱)

2. 총명하며 영리하나 쓸데없이 남의 일에 간섭을 잘 한다.
5. 온화하며 쾌활하고 매우 활동적이다. 남에게 지기 싫어하며 호언

장담을 잘 하나 좌절이 따르고 노력보다는 공이 적다.

8. 쾌활하며 활동적이고 명예욕이 강하며 용모도 수려하다. 사람을 한 번 믿으면 변함이 없으나 실속이 없다.

60. 계해일주(癸亥一柱)

1. 말수가 적고 조용하나 고집이 세다. 부모와 인연이 약하여 객지 생활을 하고 자수성가를 해야 하는 사람이다.
3. 천하를 삼킬 정도로 기개와 독립심이 넘쳐 흐르는 사람이다.
4. 외모도 얌전하게 생겼고 매사에 침착하나 실제는 개방적이며 활발하다. 성품이 좋아 칭찬을 많이 받는다.
6. 온후하며 부드럽고 총명하다. 지혜와 예지력이 뛰어나고, 독립심이 매우 강하다.
7. 겉으로는 바르게 보이지만 속으로는 계산적인 면이 있다. 총명하며 활발하고 예지력이 뛰어나다.
9. 독립심이 강하여 객지생활에서 자수성가한다.

이상으로 사주의 일주(日柱)만으로 성정을 살펴보았다. 그러나 이것은 어디까지나 일주(日柱)의 천간(天干)과 지지(地支)만으로 본 것이기 때문에 완벽한 방법이라고 할 수는 없다. 사주 전체의 구성에 따라 얼마든지 달라질 수 있기 때문이다. 수학자들은 일주(日柱)의 강약(强弱)과 생극제화(生剋制化), 격국용신(格局用身) 등을 공부하여 추명하면 더 완벽한 감정을 할 수 있을 것이다.

조화원약 평주

신비한 동양철학 35

명리학의 정통교본!

이 책은 자평진전, 난강망, 명리정종, 적천수 등과 함께 명리학의 교본에 해당하는 것으로 중국 청나라 때 나온 난강망이라는 책을 서낙오 선생께서 설명을 붙인 것이다. 기존의 많은 책들이 격국과 용신으로 감정하는 것과는 달리 십간십이지와 음양오행을 각각 자연의 이치와 춘하추동의 사계절의 흐름에 대입하여 인간의 길흉화복을 알 수 있게 했다.

· 동하 정지호 편역

용의 혈·풍수지리 실기 100선

신비한 동양철학 30

실전에서 실감나게 적용하는 풍수지리의 길잡이 !

이 책은 풍수지리 문헌인 조선조 고무엽(古務葉) 태구승(泰九升) 부집필(父輯筆)로 된 만두산법(巒頭山法), 채성우의 명산론(明山論), 금랑경(錦囊經) 등을 알기 쉬운 주제로 간추려 풍수지리의 길잡이가 되고자 했다. 그리고 인간의 뿌리와 한 사람의 고유한 이름의 중요성을 풍수지리와 연관하여 살펴보아야 하기 때문에 씨족의 시조와 본관, 작명론(作名論)을 같이 편집했다.

· 호산 윤재우 저

주역육효 해설방법上·下

신비한 동양철학 38

한 번만 읽으면 주역을 활용할 수 있는 책 !

이 책은 주역을 해설한 것으로, 될 수 있는 한 여러 가지 사설을 덧붙이지 않고 주역을 공부하고 활용하는데 필요한 요건만을 기록했다. 따라서 주역의 근원이나 하도낙서, 음양오행에 대해서도 많은 설명을 자제했다. 다만 누구나 이 책을 한 번 읽어서 주역을 이해하고 활용할 수 있도록 하는데 중점을 두었다.

· 원공선사 저

사주명리학 핵심

신비한 동양철학 ⑲

맥을 잡아야 모든 것이 보인다 !

이 책은 잡다한 설명을 배제하고 명리학자들에게 도움이 될 비법만을 모아 엮었기 때문에 초심자가 이해하기에는 다소 어려운 부분도 있겠지만 기초를 튼튼히 한 다음 정독한다면 충분히 이해할 것이다. 신살만 늘어놓으며 감정하는 사이비가 되지말기를 바란다.

· 도관 박흥식 저

술술 읽다보면 통달하는 사주학

신비한 동양철학 ㉗

술술 읽다보면 나도 어느새 도사 !

당신은 당신 마음대로 모든 일이 이루어지던가. 지금까지 누구의 명령을 받지 않고 내 맘대로 살아왔다고, 운명 따위는 믿지도 않고 매달리지 않는다고, 이렇게 말하는 사람들이 많다. 그러나 그것은 우주법칙을 모르기 때문에 하는 소리다.

· 조철현 저

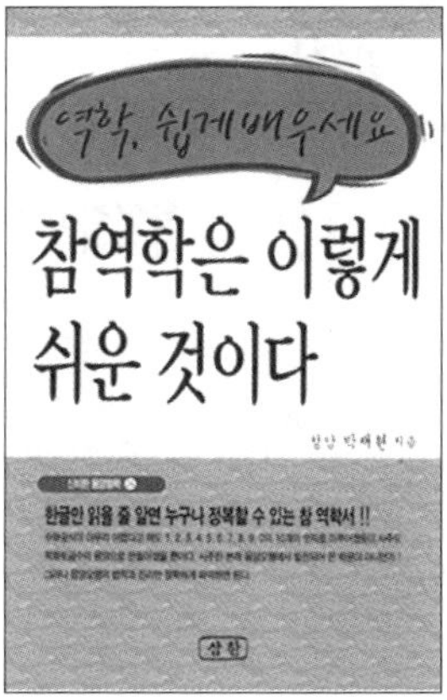

참역학은 이렇게 쉬운 것이다

신비한 동양철학 ㉔

음양오행의 이론으로 이루어진 참역학서 !

수학공식이 아무리 어렵다고 해도 1, 2, 3, 4, 5, 6, 7, 8, 9, 0의 10개의 숫자로 이루어졌듯이, 사주도 음양과 목, 화, 토, 금, 수의 오행으로 이루어졌을 뿐이다. 그러니 용신과 격국이라는 무거운 짐을 벗어버리고 음양오행의 법칙과 진리만 정확하게 파악하면 된다. 사주는 단지 음양오행의 변화일 뿐이고, 용신과 격국은 사주를 감정하는 한가지 방법에 지나지 않는다.

· 청암 박재현 저

운세십진법 · 本大路

신비한 동양철학 ❶

운명을 알고 대처하는 것은 현대인의 지혜다 !

타고난 운명은 분명히 있다. 그러니 자신의 운명을 알고 대처한다면 비록 운명을 바꿀 수는 없지만 충분히 향상시킬 수 있다. 이것이 사주학을 알아야 하는 이유다. 이 책에서는 자신이 타고난 숙명과 앞으로 펼쳐질 운명행로를 찾을 수 있도록 운명의 기초를 초연하게 설명하고 있다.

· 백우 김봉준 저

국운 · 나라의 운세

신비한 동양철학 ㉒

역으로 풀어본 우리나라의 운명과 방향 !

아무리 서구사상의 파고가 높다하기로 오천년을 한결같이 가꾸며 살아온 백두의 혼이 와르르 무너지는 지경에 왔어도 누구하나 입을 열어 말하는 사람이 없으니 답답하다. IMF라는 특수한 상황에서 불확실한 내일에 대한 해답을 이 책은 명쾌하게 제시하고 있다.

· 백우 김봉준

동양철학전문출판 **삼한**

명인재

신비한 동양철학 43

신기한 사주판단 비법 !

살(殺)의 활용방법을 완벽하게 제시하는 책!

이 책은 오행보다는 주로 살을 이용하는 비법이다. 시중에 나온 책들을 보면 살에 대해 설명은 많이 하면서도 실제 응용에서는 무시하고 있다. 이것은 살을 알면서도 응용할 줄 모르기 때문이다. 그러나 이 책에서는 살의 활용방법을 완전히 터득해, 어떤 살과 어떤 살이 합하면 어떻게 작용하는지를 자세하게 설명하고 있다.

· 원공선사 지음

사주학의 방정식

신비한 동양철학 18

가장 간편하고 실질적인 역서 !

이 책은 종전의 어려웠던 사주풀이의 응용과 한문을 쉬운 방법으로 터득할 수 있게 하는데 목적을 두었고, 역학의 내용이 어떤 것이며 무엇이 어디에 속하는지를 알고자 하는데 있다.

· 김용오 저

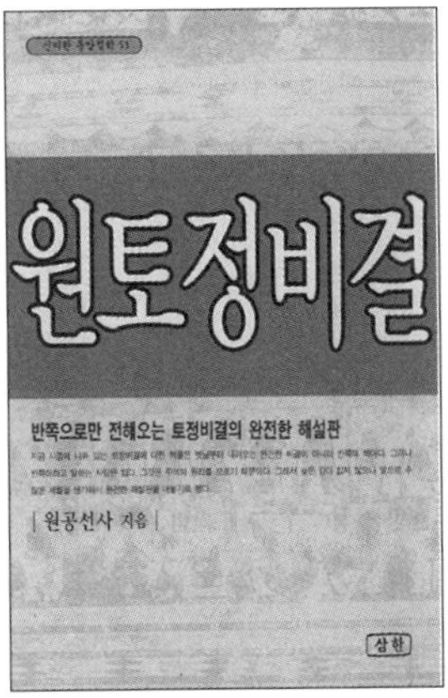

원토정비결

신비한 동양철학 53

반쪽으로만 전해오는 토정비결의 완전한 해설판

지금 시중에 나와 있는 토정비결에 대한 책들을 보면 옛날부터 내려오는 완전한 비결이 아니라 반쪽의 책이다. 그러나 반쪽이라고 말하는 사람이 없다. 그것은 주역의 원리를 모르기 때문이다. 따라서 늦은 감이 없지 않으나 앞으로의 수많은 세월을 생각하면서 완전한 해설본을 내놓기로 한 것이다.

· 원공선사 저

내가 보고 내가 바꾸는 DIY사주

신비한 동양철학 40

내가 보고 내가 바꾸는 사주비결 !

이 책은 기존의 책들과는 달리 한 사람의 사주를 체계적으로 도표화시켜 한 눈에 파악할 수 있고, DIY라는 책 제목에서 말하듯이 개운하는 방법을 제시하고 있다. 초심자는 물론 전문가도 자신의 이론을 새롭게 재조명해 볼 수 있는 케이스 스터디 북이다.

· 석오 전 광 지음

동양철학전문출판 **삼한**

남사고의 마지막 예언

신비한 동양철학 29

이 책으로 격암유록에 대한 논란이 끝나기 바란다

감히 이 책을 21세기의 성경이라고 말한다. 〈격암유록〉은 섭리가 우리민족에게 준 위대한 복음서이며, 선물이며, 꿈이며, 인류의 희망이다. 이 책에서는 〈격암유록〉이 전하고자 하는 바를 주제별로 정리하여 문답식으로 풀어갔다. 이 책으로 〈격암유록〉에 대한 논란은 끝나기 바란다.

· 석정 박순용 저

진짜부적 가짜부적

신비한 동양철학 7

부적의 실체와 정확한 제작방법

인쇄부적에서 가짜부적에 이르기까지 많게는 몇백만원에 팔리고 있다는 보도를 종종 듣는다. 그러나 부적은 정확한 제작방법에 따라 자신의 용도에 맞게 스스로 만들어 사용하면 훨씬 더 좋은 효과를 얻을 수 있다. 이 책은 중국에서 정통부적을 연구한 국내유일의 동양오술학자가 밝힌 부적의 실체와 정확한 제작방법을 소개하고 있다.

· 오상익 저

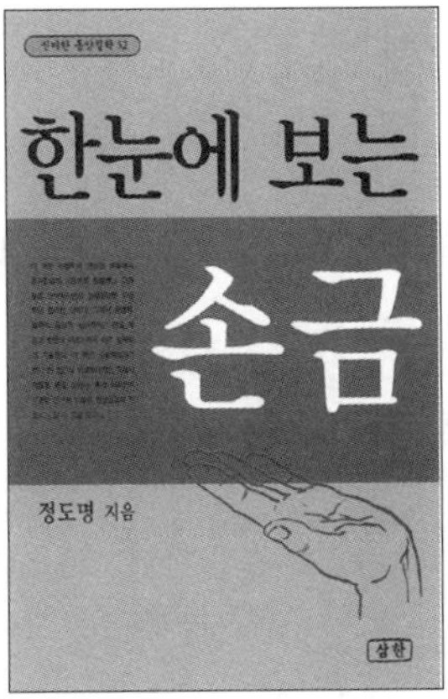

한눈에 보는 손금

신비한 동양철학 52

논리정연하며 바로미터적인 지침서

이 책은 수상학의 연원을 초월해서 동서합일의 이론으로 집필했다. 그야말로 완벽하리만치 논리정연한 수상학을 정리한 것이다. 그래서 운명적, 철학적, 동양적, 심리학적인 면을 예증과 방편에 이르기까지 아주 상세하게 기술했다. 이 책은 수상학이라기 보다 한 인간의 바로미터적인 지침서 역할을 해줄 것이다. 독자 여러분의 꾸준한 연구와 더불어 인생성공의 지침서가 될 수 있을 것이다.

· 정도명 저

만세력 | 사륙배판 · 신국판 / 사륙판 · 포켓판

신비한 동양철학 45

찾기 쉬운 만세력

이 책은 완벽한 만세력으로 만세력 보는 방법을 자세하게 설명했다. 그리고 역학에 대한 기본적인 내용과 결혼하기 좋은 나이 · 좋은 날 · 좋은 시간, 아들 · 딸 태아감별법, 이사하기 좋은 날 · 좋은 방향 등을 부록으로 실었다.

· 백우 김봉준 저

오행상극설과 진화론

신비한 동양철학 5

인간과 인생을 떠난 천리란 있을 수 없다

과학이 현대를 설정하여 설명하고 있으나 원리는 동양철학에도 있기에 그 양면을 밝히고자 노력했다. 우주에서 일어나는 모든 일을 과학으로 설명될 수는 없다. 비과학적이라고 하기보다는 과학이 따라오지 못한다고 설명하는 것이 더 솔직하고 옳은 표현일 것이다. 특히 과학분야에 종사하는 신의사가 저술했다는데 더 큰 화제가 되고 있다.

· 김태진 저

사주학의 활용법

신비한 동양철학 17

가장 실질적인 역학서

우리가 생소한 지방을 여행할 때 제대로 된 지도가 있다면 편리하고 큰 도움이 되듯이 역학이란 이와같은 인생의 길잡이다. 예측불허의 인생을 살아가는데 올바른 안내자나 그 무엇이 있다면 그 이상 마음 든든하고 큰 재산은 없을 것이다.

· 학선 류래웅 저

진짜궁합 가짜궁합

신비한 동양철학 8

남녀궁합의 새로운 충격

중국에서 연구한 국내유일의 동양오술학자가 우리나라 역술가들의 궁합법이 잘못되었다는 것을 학술적으로 분석·비평하고, 전적과 사례연구를 통하여 궁합의 실체와 타당성을 분석했다. 합리적인 「자미두수궁합법」과 「남녀궁합」 및 출생시간을 몰라 궁합을 못보는 사람들을 위하여 「지문으로 보는 궁합법」 등을 공개한다.

· 오상익 저

좋은꿈 나쁜꿈

신비한 동양철학 15

그날과 앞날의 모든 답이 여기 있다

개꿈이란 없다. 꿈은 반드시 미래를 예언한다. 이 책은 프로이드의 정신분석학적인 입장이 아닌 미래판단의 근거에 입각한 예언적인 해몽학이다. 여러 형태의 꿈을 체계적으로 정리했으니 올바른 해몽법으로 앞날을 지혜롭게 대처해 보자. 모쪼록 각 가정에서 한 권씩 두고 이용하면 생활하는데 많은 도움이 될 것이다.

· 학선 류래웅 저

현장 지리풍수

신비한 동양철학 48

현장감을 살린 지리풍수법

풍수를 업으로 삼는 사람들이 진(眞)과 가(假)를 분별할 줄 모르면서 24산의 포태사묘의 법을 익히고는 많은 법을 알았다고 자부하며 뽐내고 있다. 그리고는 재물에 눈이 어두워 불길한 산을 길하다 하고, 선하지 못한 물(水)을 선하다 하면서 죄를 범하고 있다. 이는 분수 밖의 것을 망녕되게 바라기 때문이다. 마음 가짐을 바로 하고 고대 원전에 공력을 바치면서 산간을 실사하며 적공을 쏟으면 정교롭고 세밀한 경지를 얻을 수 있을 것이다.

· 전항수 · 주관장 편저

완벽 사주와 관상

신비한 동양철학 55

사주와 관상의 핵심을 한 권에

자연과 인간, 음양(陰陽)오행과 인간, 사계와 절후, 인상(人相)과 자연, 신(神)들의 이야기 등등 우리들의 삶과 관계되는 사실적 관계로만 역(易)을 설명해 누구나 쉽게 이해할 수 있도록 썼으며 특히 역(易)에 대한 관심과 흥미를 갖게 하고자 인상학(人相學)을 추록했다. 여기에 추록된 인상학(人相學)은 시중에서 흔하게 볼 수 있는 상법(相法)이 아니라 생활상법(生活相法) 즉 삶의 지식과 상식을 드리고자 했으니 생활에 유익함이 있기를 바란다.

· 김봉준 · 유오준 공저

동양철학전문출판 **삼한**

해몽·해몽법

신비한 동양철학 50

해몽법을 알기 쉽게 설명한 책

인생은 꿈이 예지한 시간적 한계에서 점점 소멸되어 가는 현존물이기 때문에 반드시 꿈의 뜻을 따라야 한다. 이것은 꿈을 먹고 살아가는 인간 즉 태몽의 끝장면인 죽음을 향해 달려가고 있는 인간이기 때문이다. 꿈은 우리의 삶을 이끌어가는 이정표와도 같기에 똑바로 가도록 노력해야 한다.

· 김종일 저

역점

신비한 동양철학 57

우리나라 전통 행운찾기

주역을 무조건 미신으로 치부해버리는 생각은 버려야 한다. 주역이 점치는 책에만 불과했다면 벌써 그 존재가 없어졌을 것이다. 그러나 오랫동안 많은 학자가 연구를 계속해왔고, 그 속에서 자연과학과 형이상학적인 우주론과 인생론을 밝혀, 정치·경제·사회 등 여러 방면에서 인간의 생활에 응용해왔고, 삶의 지침서로써 그 역할을 했다. 이 책은 한 번만 읽으면 누구나 역점가가 될 수 있으니 생활에 도움이 되길 바란다.

· 문명상 편저

명리학연구

신비한 동양철학 59

체계적인 명확한 이론

이 책은 명리학 연구에 핵심적인 내용만을 모아 하나의 독립된 장을 만들었다. 명리학은 분야가 넓어 공부를 하다보면 주변에 머무르는 경우가 많아, 주요 내용을 잃고 헤매는 경우가 많다. 그러므로 뼈대를 잡는 것이 중요한데, 여기서는 「17장. 명리대요」에 핵심 내용만을 모아 학문의 체계를 잡는데 용이하게 하였다.

· 권중주 저

쉽게 푼 풍수

신비한 동양철학 60

현장에서 활용하는 풍수지리법

산도는 매우 광범위하고, 현장에서 알아보기 힘들다. 더구나 지금은 수목이 울창해 소조산 정상에 올라가도 나무에 가려 국세를 파악하는데 애를 먹는다. 그러므로 사진을 첨부하니 많은 도움이 되길 바란다. 물론 결록에 있고 산도가 눈에 익은 것은 혈 사진과 함께 소개하니 참고하기 바란다. 이 책을 열심히 정독하면서 답산하면 혈을 알아보고 용산도 할 수 있을 것이다.

· 전항수 · 주장관 편저

동양철학전문출판 **삼한**

올바른 작명법

신비한 동양철학 61

세상의 부모들에게 가장 소중한 것이 무엇이냐고 물으면 누구든 자녀라고 할 것이다. 그런데 왜 평생을 좌우할 이름을 함부로 짓는가. 이름이 얼마나 소중한지를, 이름의 오행작용이 사람의 일생을 어떻게 좌우하는지를 모르기 때문이다. 세상만물은 음양오행의 영향을 받지 않는 것이 없다. 봄이 가면 여름이 오고, 여름이 가면 가을이 오고, 가을이 가면 겨울이 오고, 겨울이 가면 봄이 오는 것 또한 음양오행의 원리다.

· 이정재 저

신수대전

신비한 동양철학 62

흉함을 피하고 길함을 부르는 방법

신수를 보는 방법은 여러 가지가 있는데 대부분이 주역과 사주추명학에 근거를 둔다. 수많은 학설 중에서 몇 가지를 보면 사주명리, 자미두수, 관상, 점성학, 구성학, 육효, 토정비결, 매화역수, 대정수, 초씨역림, 황극책수, 하락리수, 범위수, 월영도, 현무발서, 철판신수, 육임신과, 기문둔갑, 태을신수 등이다. 역학에 정통한 고사가 아니면 제대로 추단하기 어려운데 엉터리 술사들이 넘쳐난다. 그래서 누구나 자신의 신수를 볼 수 있도록 몇 가지를 정리했다.

· 도관 박흥식

음택양택

신비한 동양철학 63

현세의 운·내세의 운

이 책에서는 음양택명당의 조건이나 기타 여러 가지를 설명하여 산 자와 죽은 자의 행복한 집을 만들 수 있도록 했다. 특히 죽은 자의 집인 음택명당은 자리를 옳게 잡으면 꾸준히 생기를 발하여 흥하나, 그렇지 않으면 큰 피해를 당하니 돈보다도 행·불행의 근원인 음양택명당에 관심을 기울여야 한다.

· 전항수 · 주장관 지음

이런 집에 살아야 잘 풀린다

신비한 동양철학 64

운이 트이는 좋은 집 알아보는 비결

힘든 상황에서 내 가족이 지혜롭게 대처하고 건강을 지켜주는, 한마디로 운이 트이는 집은 모두의 꿈일 것이다. 가족이 평온하게 생활할 수 있는 집, 나가서는 발전을 가져다 줄 수 있는 그런 집이 있다면 얼마나 좋을까? 그런 소망에 한 걸음이라도 가까워지려면 막연하게 운만 기대해서는 안 된다. '호랑이를 잡으려면 호랑이 굴로 들어가라'는 속담이 있듯이 좋은 집을 가지려면 그만한 노력이 있어야 한다.

· 강현술 · 박홍식 감수

동양철학전문출판 **삼한**

사주에 모든 길이 있다

신비한 동양철학 65

사주를 간명하는데 조금이라도 도움이 되었으면 하는 바람에서 이 책을 쓰게 되었다. 간명의 근간인 오행의 왕쇠강약을 세분해서 설명했다. 그리고 대운과 세운, 세운과 월운의 연관성과, 십신과 여러 살이 운명에 미치는 암시와, 십이운성으로 세운을 판단하는 방법을 설명했다.

· 정담 선사 편저

사주학

신비한 동양철학 66

5대 원서의 핵심과 실용

이 책은 사주학을 체계적으로 공부하려는 학도들을 위해 꼭 알아야 할 내용과 용어를 수록하는데 중점을 두었다. 이 학문을 공부하려고 찾아온 사람들에게 여러 가지 질문을 던져보면 거의 기초지식이 시원치 않다. 그런 상태로 사주를 읽으려니 제대로 될 리가 없다. 이 책으로 용어와 제반지식을 터득하면 빠른 시일에 소기의 목적을 이룰 수 있을 것이다.

· 글갈 정대엽 저

주역 기본원리

신비한 동양철학 67

주역의 기본원리를 통달할 수 있는 책

이 책에서는 기본괘와 변화와 기본괘가 어떤 괘로 변했을 경우 일어날 수 있는 내용들을 설명하여 주역의 변화에 대한 이해를 돕는데 주력하였다. 그러나 그런 내용을 구분할 수 있는 방법을 전부 다 설명할 수는 없기에 뒷장에 간단하게설명하였고, 다른 책들과 설명의 차이점도 기록하였으니 참작하여 본다면 조금이나마 도움이 될 것이다.

· 원공선사 편저

사주특강

신비한 동양철학 68

자평진전과 적천수의 재해석

이 책은 『자평진전(子平眞詮)』과 『적천수(滴天髓)』를 근간으로 명리학(命理學)의 폭넓은 가치를 인식하고, 실전에서 유용한 기반을 다지는데 중점을 두고 썼다. 일찍이 『자평진전(子平眞詮)』을 교과서로 삼고, 『적천수(滴天髓)』로 보완하라는 서낙오(徐樂吾)의 말에 깊이 공감한다.

청월 박상의 편저

동양철학전문출판 **삼한**

복을 부르는방법

신비한 동양철학 69

나쁜 운을 좋은 운으로 바꾸는 비결

개운하는 방법은 여러 가지가 있으나, 이 책의 비법은 축원문을 독송하는 것이다. 독송이란 소리내 읽는다는 뜻이다. 사람의 말에는 기운이 있는데, 이 기운은 자신에게 돌아온다. 좋은 말을 하면 좋은 기운이 돌아오고, 나쁜 말을 하면 나쁜 기운이 돌아온다. 이 책은 누구나 어디서나 쉽게 비용을 들이지 않고 좋은 운을 부를 수 있는 방법을 실었다.

· 역산 김찬동 편저

인터뷰 사주학

신비한 동양철학 70

쉽고 재미있는 인터뷰 사주학

얼마전까지만 해도 사주학을 취급하는 사람들은 미신을 다루는 부류로 취급되었다. 그러나 지금은 하루가 다르게 이 학문을 공부하는 사람들이 폭증하고 있는 것으로 보인다. 젊은 층에서 사주카페니 사주방이니 사주동아리니 하는 것들이 만들어지고 그 모임이 활발하게 움직이고 있다는 점이 그것을 증명해준다. 그뿐 아니라 대학원에는 역학교수들이 점차로 증가하고 있다.

· 글갈 정대엽 편저

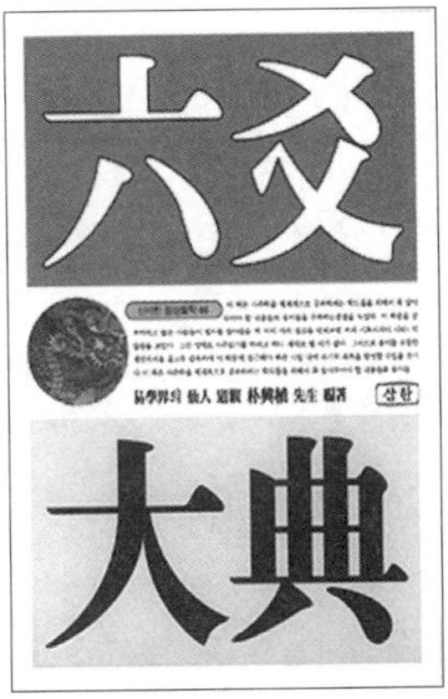

육효대전

신비한 동양철학 37

정확한 해설과 다양한 활용법

동양의 고전 중에서도 가장 대표적인 것이 주역이다. 주역은 옛사람들이 자연의 법칙을 거울삼아 인간이 생활을 영위해 나가는 처세에 관한 지혜를 무한히 내포하고, 피흉추길하는 얼과 슬기가 함축된 점서)인 동시에 수양·과학서요 철학·종교서라고 할 수 있다.

· 도관 박홍식 편저

사람을 보는 지혜

신비한 동양철학 73

관상학의 초보에서 완성까지

현자는 하늘이 준 명을 알고 있기에 부귀에 연연하지 않는다. 사람은 마음을 다스리는 심명이 있다. 마음의 명은 자신만이 소통하는 유일한 우주의 무형의 에너지이기 때문에 잠시도 잊으면 안된다. 관상학은 사람의 상으로 이런 마음을 살피는 학문이니 잘 이해하여 보다 나은 삶을 삶을 영위할 수 있도록 노력해야 한다.

· 이부길 편저

운을 잡으세요 | 개운비법

신비한 동양철학 76

염력강화로 삶의 문제를 해결한다!

염력(念力)이 강한 사람은 운명을 개척하며 행복하게 살고, 염력이 약한 사람은 운명의 노예가 되어 불행하게 살아간다. 때문에 행복과 불행은 누가 주는 것이 아니라 자기 자신이 만든다고 할 수 있다. 한 마디로 말해 의지의 힘, 즉 염력이 운명을 바꾸는 것이다. 이 책에서는 이러한 염력을 강화시켜 삶에서 일어나는 문제를 해결하는 방법을 알려준다. 누구나 가벼운 마음으로 읽고 실천한다면 반드시 목적을 이룰 수 있을 것이다.

· 역산 김찬동 편저

작명정론

신비한 동양철학 77

이름으로 보는 역대 대통령이 나오는 이치

사주팔자가 네 기둥으로 세워진 집이라면 이름은 그 집을 대표하는 문패라고 할 수 있다. 사람은 태어나면서 사주를 통해 운을 타고나고 이름이 주어진 순간부터 명(命)이 작용한다. 사주와 이름이 곧 운명을 결정한다는 것이다. 따라서 이름을 지을 때는 사주의 격에 맞추어야 한다. 사주 그릇이 작은 사람이 원대한 뜻의 이름을 쓰면 감당하지 못할 시련을 자초하게 되고 오히려 이름값을 못할 수 있다. 즉 분수에 맞는 이름으로 작명해야 하기 때문에 사주의 올바른 분석이 필요하다.

· 청월 박상의 편저

동양철학전문출판 **삼한**

원심수기 통증예방 관리비법

신비한 동양철학 78

쉽게 배워 적용할 수 있는 통증관리법

이 책을 세상에 내놓는 것은 우리 전통 민중의술도 세상의 그 어떤 의술에 못지 않게 아주 훌륭한 치료술이 있고 그 전통이 수백 년, 또는 수천 년을 내려오면서 전해지고 있는데 현재 사회를 보면 무조건 외국에서 들어온 것만이 최고라고 하는 식으로 하여 우리의 전통 민중의술을 뿌리째 버리려고 하는데 문제가 있는 것 같기에 우리것을 지키고자 하는데 그 첫째의 목적이 있다 할 수 있을 것이다.

· 원공 선사 저

사주비기

신비한 동양철학 79

역학으로 보는 대통령이 나오는 이치 !!

이 책에서는 고서의 이론을 근간으로 하여 근대의 사주들을 임상하여, 적중도에 의구심이 가는 이론들은 과감하게 탈피하고 통용될 수 있는 이론만을 수용했다. 따라서 기존 역학서의 아쉬운 부분들을 충족시키며 일반인도 열정만 있으면 누구나 자신의 운명을 감정하고 피흉취길할 수 있는 생활지침서로 활용할 수 있을 것이다.

청월 박상의 편저

찾기 쉬운 명당

신비한 동양철학 44

풍수지리의 모든 것 !

이 책은 가능하면 쉽게 풀려고 노력했고, 실전에 도움이 되도록 했다. 특히 풍수지리에서 방향측정에 필수인 패철(佩鐵)사용과 나경(羅經) 9층을 각 층별로 간추려 설명했다. 그리고 이 책에 수록된 도설, 즉 오성도, 명산도, 명당 형세도 내거수 명당도, 지각(枝脚)형세도, 용의 과협출맥도, 사대혈형(穴形) 와겸유돌(窩鉗乳突) 형세도 등은 국립중앙도서관에 소장된 문헌자료인 만산도단, 만산영도, 이석당 은민산도의 원본을 참조했다.

· 호산 윤재우 저

명리입문

신비한 동양철학 41

명리학의 필독서 !

이 책은 자연의 기후변화에 의한 운명법 외에 명리학도들이 궁금해 했던 인생의 제반사들에 대해서도 상세하게 기술했다. 따라서 초보자부터 심도있게 공부한 사람들까지 세심히 읽고 숙독해야 하는 책이다. 특히 격국이나 용신뿐 아니라 십신에 대한 자세한 설명, 조후용신에 대한 보충설명, 인간의 제반사에 대해서는 독보적인 해설이 들어 있다. 초보자들에게는 더할 수 없이 훌륭한 길잡이가 될 것이다.

· 동하 정지호 편역

사주대성

신비한 동양철학 33

초보에서 완성까지

이 책은 과거 현재 미래를 모두 알 수 있는 비결을 실었다. 그러나 모두 터득한다는 것은 어려울 것이다.역학은 수천 년간 동방의 석학들에 의해 갈고 닦은 철학이요 학문이며, 정신문화로서 영과학적인 상수문화로서 자랑할만한 위대한 학문이다.

· 도관 박흥식 저

해몽정본

신비한 동양철학 36

꿈의 모든 것 !

막상 꿈해몽을 하려고 하면 내가 꾼 꿈을 어디다 대입시켜야 할지 모를 경우가 많았을 것이다. 그러나 이 책은 찾기 쉽고, 명료하며, 최대한으로 많은 갖가지 예를 들었으니 꿈해몽을 하는데 어려움이 없을 것이다.

· 청암 박재현 저

왕초보 내 사주

신비한 동양철학 84

초보 입문용 역학서

이 책은 역학을 너무 어렵게 생각하는 초보자들에게 조금이나마 도움을 주고자 쉽게 엮으려고 노력했다. 이 책을 숙지한 후 역학(易學)의 5대 원서인 『적천수(滴天髓)』, 『궁통보감(窮通寶鑑)』, 『명리정종(命理正宗)』, 『연해자평(淵海子平)』, 『삼명통회(三命通會)』에 접근한다면 훨씬 쉽게 터득할 수 있을 것이다. 이 책들은 저자가 이미 편역하여 삼한출판사에서 출간한 것도 있고, 앞으로 모두 갖출 것이니 많이 활용하기 바란다.

· 역산 김찬동 편저

스스로 공부하게 하는 방법과 천부적 적성

신비한 동양철학 85

내 아이를 성공시키고 싶은 부모들에게

자녀를 성공시키고 싶은 마음은 부자나 가난한 사람이나 모두 같을 것이다. 그러나 가난한 부모를 둔 아이들은 공부할 수 있는 환경이 열악하다. 빈익빈 부익부 현상이 배우는 아이들 때부터 시작되기 때문이다. 그러니 가난한 집 아이가 좋은 성적을 내기는 매우 어렵고, 원하는 학교에 들어가기도 어렵다. 그러나 실망하기에는 아직 이르다. 내 아이가 훌륭한 인재로 성장해 아름답고 멋진 삶을 살아가는 방법이 이 책에 있다.

· 청암 박재현 지음

음파메세지(氣) 성명학

신비한 동양철학 51

새로운 시대에 맞는 새로운 성명학

지금까지의 모든 성명학은 모순의 극치를 이루고 있다. 이제 새로운 시대에 맞는 음파메세지(氣) 성명학이 탄생했으니 차근차근 읽어보고 복을 계속 부르는 이름을 지어 사랑하는 자녀가 행복하고 아름다운 삶을 살아갈 수 있도록 하는데 도움이 되었으면 한다.

· 청암 박재현 저

정법사주

신비한 동양철학 49

독학과 강의용 겸용의 책

이 책은 사주추명학을 연구하고자 하는 분들에게 심오한 주역의 이해를 돕고자 하는 의도에서 시작되었다. 음양오행의 상생상극에서부터 육친법과 신살법을 기초로 하여 격국과 용신 그리고 유년판단법을 활용하여 운명판단에 첩경이 될 수 있도록 했고, 추리응용과 운명감정의 실례를 하나 하나 들어가면서 독학과 강의용 겸용으로 엮었다.

· 원각 김구현 저

기문둔갑 비급대성

신비한 동양철학 86

기문의 정수

기문둔갑은 천문지리·인사명리·법술병법 등에 영험한 술수로 예로부터 은밀하게 특권층에만 전승되었다. 그러나 아쉽게도 기문을 공부하려는 이들에게 도움이 될만한 책이 거의 없다. 필자는 이 점이 안타까워 천견박식함을 돌아보지 않고 감히 책을 내게 되었다. 한 권에 기문학을 다 표현할 수는 없지만 이 책을 사다리 삼아 저 높은 경지로 올라간다면 제갈공명과 같은 지혜를 발휘할 수 있을 것이다.

· 도관 박흥식 편저

아호연구

신비한 동양철학 87

여러 가지 작호법과 실예 모음

필자는 오래 전부터 작명을 연구했다. 그러나 시중에 나와 있는 책에는 대부분 아호에 관해서는 전혀 언급하지 않았다. 그래서 아호에 관심이 있어도 자료를 구하지 못하는 분들을 위해 이 책을 내게 되었다. 아호를 짓는 것은 그리 대단하거나 복잡하지 않으니 이 책을 처음부터 끝까지 착실히 공부한다면 누구나 좋은 아호를 지어 쓸 수 있을 것이라고 생각한다.

· 임삼업 편저